"我是小小集邮家"丛书

认识邮票中的体育竞技

谢宇　主编

花山文艺出版社

河北·石家庄

图书在版编目（CIP）数据

认识邮票中的体育竞技 / 谢宇主编. -- 石家庄 ：
花山文艺出版社，2013.4（2022.3重印）
（我是小小集邮家丛书）
ISBN 978-7-5511-1143-0

Ⅰ. ①认… Ⅱ. ①谢… Ⅲ. ①邮票－中国－图集②竞
技体育－青年读物 Ⅳ. ①G894.1②G8-49

中国版本图书馆CIP数据核字(2013)第128638号

丛 书 名："我是小小集邮家"丛书
书　　名：认识邮票中的体育竞技
主　　编：谢　宇

责任编辑：冯　锦
封面设计：慧敏书装
美术编辑：胡彤亮
出版发行：花山文艺出版社（邮政编码：050061）
　　　　　（河北省石家庄市友谊北大街 330号）

销售热线：0311-88643221
传　　真：0311-88643234
印　　刷：北京一鑫印务有限责任公司
经　　销：新华书店
开　　本：880×1230　1/16
印　　张：10
字　　数：170千字
版　　次：2013年7月第1版
　　　　　2022年3月第2次印刷
书　　号：ISBN 978-7-5511-1143-0
定　　价：38.00元

"我是小小集邮家"丛书

分册书名

1.认识邮票中的建筑艺术

2.认识邮票中的军事故事

3.认识邮票中的体育竞技

4.认识邮票中的文学与生肖故事

5.认识邮票中的植物世界

6.认识邮票中的动物世界

7.认识邮票中的名胜古迹（1、2）

8.认识邮票中的社会建设成就（1、2）

9.认识邮票中的艺术世界（1、2）

10.认识邮票中的民俗与节日（1、2、3）

11.认识邮票中的古今人物（1、2、3）

编 委 会

前　言

　　新中国的邮票从1949年开始发行，基本都以建筑、自然风光、动植物为图案，其种类主要有普通邮票、纪念邮票、特种邮票等。纪念邮票是从1949年10月8日开始发行，新中国的纪念邮票多以重大的政治事件、庆典和节日为内容，对一些革命人物、文化名人以及重要的国际活动也发行过纪念邮票；特种邮票的题材非常广泛，包括了经济、社会建设、文化艺术、珍禽异兽、奇花异草、山水风光等。

　　"我是小小集邮家"丛书收录了从中华人民共和国成立到2010年，新中国所发行的各类邮票品种，以全新的分类方式，全方位展现给广大读者朋友，并依照邮票的志号（及时间先后）顺序，系统介绍了从1949年到2010年我国发行的每套邮票的时代背景、每一枚邮票的图案内容及主题和所涉及的相关知识、对邮票图案艺术设计特点的研究和鉴赏等。内容分为：风景名胜类、建筑类、人物类、动物类、植物类、艺术类、文学类、体育类、军事类等。全书对各类邮票采用简短、浅显易懂的文字进行介绍，通过图文混排的形式把它们全方位、多角度地展现在读者面前，使读者更加深刻地了解中国邮票艺术的发展历程、时代特征及收藏价值。

　　丛书在邮票发行背景的介绍中，力求真实、客观，以历史的本来面目记述事件与人物的真相。同样，邮票图案的设计也不是随心所欲的，它要与立题密切配合，相互依衬、相互烘托。因此，丛书在邮票图案内容的介绍中，既突出主题，又兼顾相关，使介绍的对象生动、跃然。全书语言生动，文笔优美，图片清晰，具有较高的趣味性和较强的可读性，是广大集邮爱好者学习集邮、鉴赏邮票必读的普及性读物。

前言

　　本丛书在编写过程中，得到了国内许多集邮爱好者的关心和支持（由于人员太多，请恕我们不能一一列举），特别是天津科技翻译出版公司各级领导和各位老师的悉心指导和帮助，在本丛书即将付印之际，特向相关人员表示诚挚的谢意。需要特别声明的是：本丛书只是丛书编委会人员就新中国邮票这一领域的首次大胆尝试，真心希望本丛书能够起到抛砖引玉的作用，希望在这一领域能够不断涌现出更多、更好、更能适合读者阅读的好图书。

　　另外，由于编写人员知识水平有限及编写时间仓促，尽管我们尽最大努力想把每一部分内容都能够做得更完美，但还是由于各方面的原因，仍有不尽如人意之处。在这里我们热诚希望广大读者朋友就书中的错谬之处大胆批评指正。读者交流邮箱：228424497@qq.com。

丛书编委会

2013年3月

目　录

认识邮票中的体育竞技

认识邮票中的体育竞技

全国第一届工人体育运动大会

发行日期：1957.3.20

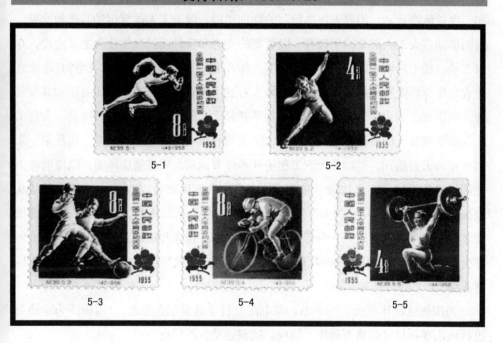

5-1   5-2

5-3   5-4   5-5

（纪39）

5-1（140）径赛	8分	1 500万枚
5-2（141）铅球	4分	1 000万枚
5-3（142）足球	8分	1 500万枚
5-4（143）自行车	8分	1 500万枚
5-5（144）举重	4分	1 000万枚

邮票规格：28 mm×22 mm

齿孔度数：14度

整张枚数：99枚

版　　别：胶版

设计者：邵柏林、刘硕仁、孙传哲

印刷厂：上海市印刷一厂

知识百花园

　　为了展示新中国工人阶级体育运动的新成绩，进一步在工人队伍中贯彻毛泽东"发展体育运动，增强人民体质"的题词精神，促进工人体育运动的蓬勃发展，进而调动广大工人群众的积极性，以更新的姿态和精神面貌参加社会主义建设，夺取工业战线上的新成就，全国第一届工人体育运动会于1955年10月2日至9日在北京先农坛体育场隆重举行。党和国家领导人对这次体育大会给予了亲切关怀和高度重视，毛泽东、刘少奇、朱德等亲自参加了开幕式，使广大运动员、教练员、大会工作人员受到极大的鼓舞，也使全国工人阶级受到极大的激励。刘少奇、周恩来、朱德分别为大会题词，勉励广大职工积极开展体育运动，锻炼健康体魄，以便能精力充沛地投身于社会主义建设。参加这次大会的共有运动员1 700多人，他们都是从全国17个产业系统中的120多万工人运动员中，经过层层比赛，逐步选拔出来的佼佼者。比赛项目设有田径、自行车、举重、篮球、排球和足球。经过比赛，这次体育大会共有10名运动员打破4项田径、2项自行车、5项举重的全国纪录，取得了显著成绩。

　　为庆祝这次体育大会的举办，邮电部发行了这套纪念邮票。5幅画面为运动员进行该比赛项目时的典型动作，展现了这届运动会的特色。

邮票解析

图5-1【径赛】邮票画面为一位短跑运动员起跑时的动作。

图5-2【铅球】邮票画面为一位运动员转体滑步之后，铅球即将出手时的动作。

图5-3【足球】邮票画面为足球运动员正在争球的动作。

图5-4【自行车】邮票画面为自行车运动员在比赛途中，用尽全力，使劲踏蹬。

图5-5【举重】邮票画面为运动员在抓举的动作。

第25届世界乒乓球锦标赛

发行日期：1959.8.30

（纪66）

2-1（213）乒乓球赛　　4分　　600万枚

2-2（214）乒乓球赛　　8分　　1 000万枚

邮票规格：29.5 mm × 24 mm

齿孔度数：14度

整张枚数：80枚

版　别：胶版

设计者：万维生

印刷厂：北京人民印刷厂

　　中国于1952年加入国际乒乓球联合会。1953年举办的第20届世乒赛是中国队第一次参加国际大赛。当时虽然榜上无名，男队的成绩仅列团体一级第10名，女队成绩只排在二级第3名，但中国选手王传耀、姜永宁、傅其芳、孙梅英等已逐渐显示出自己的实力，以后的比赛成绩一届比一届好。到第24届世乒赛时，王传耀就挫败了当时的世界男子单打冠军日本的荻村伊智郎。1959年于西德多特蒙德举行的第25届世乒赛上，我国年轻选手容国团先后战胜美国的迈尔斯、日本的荻村、匈牙利的西多等世界闻名的强手，一举夺得男子单打"圣·勃莱德"冠军杯，为中国在世界体育大赛上勇夺桂冠，为中华民族争得了荣誉，从而结束了中国在世界冠军榜上无名的历史。

　　为纪念25届世乒赛上我国夺取男单冠军的历史性突破，邮电部发行了这套邮票。图案为容国团挥拍抽球的英姿。

第一届全国运动会

发行日期：1959.12.28

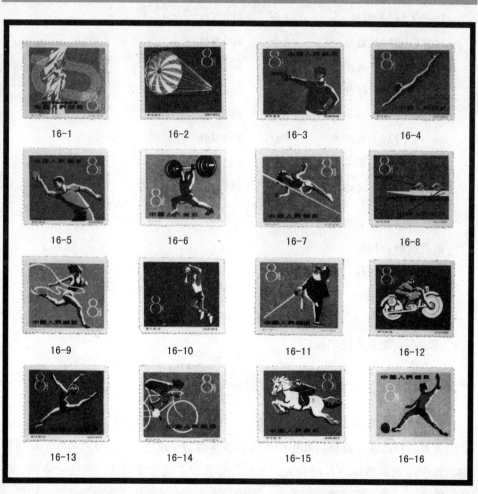

16-1 16-2 16-3 16-4

16-5 16-6 16-7 16-8

16-9 16-10 16-11 16-12

16-13 16-14 16-15 16-16

（纪72）

认识邮票中的体育竞技

16-1（234）运动场	8分	800万枚
16-2（235）跳伞	8分	800万枚
16-3（236）射击	8分	800万枚
16-4（237）游泳	8分	800万枚
16-5（238）乒乓球	8分	800万枚
16-6（239）举重	8分	800万枚
16-7（240）跳高	8分	800万枚
16-8（241）划船	8分	800万枚
16-9（242）田径	8分	800万枚
16-10（243）篮球	8分	800万枚
16-11（244）武术	8分	800万枚
16-12（245）摩托车	8分	800万枚
16-13（246）体操	8分	800万枚
16-14（247）自行车	8分	800万枚
16-15（248）赛马	8分	800万枚
16-16（249）足球	8分	800万枚

邮票规格：29 mm×24 mm

齿孔度数：14度

整张枚数：80枚

版　别：胶版

设计者：吴建坤、卢天骄、韩象琦、万维生、孙传哲

印刷厂：北京人民印刷厂

知识百花园

　　中华人民共和国第一届全国运动会于1959年9月13日至10月3日在北京举行。全国各省、自治区、直辖市和中国人民解放军共29个单位的10 658名男女运动员参加，其中在北京参赛的有7707人。本届大赛共设正式比赛36项，包括：篮球、足球、排球、网球、乒乓球、羽毛球、手球、棒球、女子垒球、水球、马球、田径、体操、技巧、公路自行车、举重、游泳、跳水、赛艇、武术、中国式摔跤、射箭、

中国象棋、围棋、赛马、障碍赛马、射击、摩托车越野、摩托车环行公路、无线电收发报、航海多项、航海模型、滑翔、飞机跳伞、伞塔跳伞、航空模型；表演项目6项，包括：击剑、赛车场自行车、自由式摔跤、古典式摔跤、国际象棋、水上摩托艇。在本届全运会上，通过运动员的顽强拼搏，有7人4次打破4项世界纪录，664人844次创106项全国纪录，展示了新中国短短十年来体育事业的巨大成就，不仅令全世界刮目相看，也使全国各族人民深受鼓舞。

为此，邮电部发行了这套邮票，以16幅画面纪念第一届全国运动会的胜利召开和圆满结束。

邮票解析

图16-1【运动场】运动场又称"体育场"，即为开展群众性体育运动而设置的教学、训练和竞赛的公共体育场所。有单项的，也有综合性的。邮票画面以椭圆形运动场跑道为背景，主图为矗立在北京工人体育场北门前的男女运动员昂首屹立在军旗前的塑像。

图16-2【跳伞】邮票画面为跳伞运动员着陆后正在收伞时的场面，反映了我国跳伞运动的发展。

图16-3【射击】射击为军事体育项目之一。主要内容包括：小口径步枪和手枪、大口径步枪、单用步枪、猎枪、汽步枪、气手枪等的训练和竞赛。我国自1952年起，将射击运动列为比赛项目，并使其在广大群众中得到进一步的开展，对增强人民体质，配合战备教育和民兵训练，都有积极的作用。邮票画面为运动员进行手枪射击的姿态。

图16-4【游泳】游泳为水上运动项目之一。分蛙泳、海豚泳、仰泳、侧泳、爬泳、蝶泳、自由泳等。游泳能充分利用日光、空气和水来锻炼身体，能有效增强人体各器官，尤其是呼吸器官的机能，并使肌肉发达，改善体温调节机能，增强肌体对外界气温变化的适应能力，对生活、生产和军事等都具有实用意义。邮票画面为一位男运动员跃向水面的优美动作。

图16-5【乒乓球】乒乓球为球类运动之一。球台长274厘米，宽152.5厘米，在中间隔有一长183厘米、高15.25厘米的横网，运动员各站一端，用球拍

隔网击球，击法有挡、抽、搓、削、拉等。邮票画面为一男运动员奋力抽杀的场面。

图16-6【举重】举重为运动项目之一，也是国际体育竞赛的主要项目。1956年我国年仅20岁的举重选手陈镜开，以133公斤的成绩，打破了美国选手温奇保持的最轻量级挺举世界纪录，成为新中国第一个打破世界纪录的运动员。新中国最早的举重比赛是在1952年举行的，当时涌现出不少举重新秀。邮票画面为运动员箭步式抓举动作。

图16-7【跳高】跳高有立定跳高和急行跳高之分，急行跳高是田赛跳部项目之一。跳高无论采取何种过竿姿势均由助跑、起跳、腾空和落地四个部分组成。邮票画面为女子跳高运动员的剪式过竿动作。

图16-8【划船】划船是用人力划桨使船只在水中前进的一项运动。现代划船运动按器材结构、形状和划桨动作方式，分为赛艇、皮艇和划艇三类。邮票画面为男子双人双桨赛艇急进的场面。

图16-9【田径】"径"指道路、跑道。在运动场的跑道上或场外指定的路线上，进行不同距离的竞走或各种形式的赛跑的总称。有按规定距离进行的比赛，也有按规定时间进行的定时比赛。赛跑有短距离、中距离、长距离、超长距离、跨栏、接力、障碍和越野等项。竞走是径赛主要项目之一。要求走时两脚不得同时离地，前脚跟着地时，腿膝必须伸直。比赛分5千米、10千米、20千米、50千米和1小时、2小时竞走等项。它可以增强人的耐力，培养坚强的意志。邮票画面为一位女短跑运动员终点冲线时的瞬间形象。

图16-10【篮球】篮球为球类运动之一。邮票画面为男篮运动员右手投球的姿势。

图16-11【武术】武术是中华民族创造和发展起来的体育活动，也是我国宝贵的民族文化遗产之一。它的运动形式有套路和对抗等。套路运动有拳术、刀、枪、剑、棍等单人套路练习和两人以上的对打套路练习；对抗运动有散手、推手、长兵、短兵等项，其中的长拳、太极拳、南拳、剑术、刀术、枪术、棍术等被列为武术竞赛项目。武术是几千年来我国劳动人民用来锻炼身体和自卫防身的方法，历史极为悠久，内容丰富多彩，为各族人民所喜闻乐见。并已被世界各国所瞩目。邮票画面为一位鹤发银须、精神矍铄的老者庭前击剑的姿态。

图16-12【摩托车】摩托车为军事体育项目之一，它是借助摩托车进行比赛、

表演和旅行的体育运动项目。摩托车分为2轮和3轮两种类型，这项运动随着内燃机车辆的兴起而诞生。邮票画面为运动员驾驶着摩托车飞奔的场面。

图16-13【体操】体操为体育运动的一种，其内容非常丰富，包括的范围较广，按其任务大致可分为广播操、医疗体操、生产体操、竞赛体操和团体操等。邮票画面为一位女运动员凌空跃起的劈腿跳动作。

图16-14【自行车】自行车是一种简便的人力驱动的交通工具。竞赛时，分普通自行车和竞赛自行车两种。普通自行车用于公路、田径场跑道的比赛；竞赛自行车用于公路竞赛、越野竞赛和赛车场竞赛。邮票画面为一位女运动员骑车飞驰的形象。

图16-15【赛马】赛马为马术运动中的一项平地竞速项目。最短距离800米，长距离可达3000米。其中还包括障碍赛马，是马术运动中最引人入胜的一个项目。障碍一般分天然设置和人工设置两种，越野距离有数千米至数十千米，在这段距离内设置十多个到数十个天然或人工障碍。邮票画面为一位骑手策马跃进障碍时的英姿。

图16-16【足球】足球为球类运动之一。足球运动的基本技术有：踢球（传球、射门）、接球（停球）、运球（带球）、头顶球、抢球、假动作等；守门员还有各项接、传球的专门技术。以将球射入对方球门多者为胜。足球富有战斗性，要求勇敢、顽强、机智，既需速度，又需耐力，锻炼价值极高。邮票画面为一位男足运动员抢断球时的姿态。

第26届世界乒乓球锦标赛

发行日期：1961.4.5

4-1

4-2

4-3

4-4

（纪86）

4-1（281）会徽和迎春花	8分	1 200万枚
4-2（282）在北京举行比赛	10分	800万枚
4-3（283）比赛	20分	500万枚
4-4（284）北京工人体育馆	22分	150万枚
小全张　第26届世界乒乓球锦标赛	60分	3万枚

邮票规格：50 mm×16 mm

小全张规格：150 mm×100 mm，其中邮票尺寸：50 mm×16 mm

齿孔度数：11度

（纪86 小全张）

整张枚数：75枚
版　　别：影写版
设计者：吴建坤、卢天骄（M）
印刷厂：北京邮票厂

知识百花园

　　1961年4月5日至14日在北京举行的第26届世界乒乓球锦标赛上，共有243名各国运动员参加。中国选手以其独特的近台快攻打法，击败了当时日本选手的秘密武器——弧圈球和欧洲各个横拍高手，一举拿下男子团体、男子单打和女子单打三项冠军，捧回了"斯韦思林""圣·勃莱德"和"吉·盖斯特"三座奖杯。这一年正值我国遭受严重自然灾害，全国人民在极其困难的情况下，支持了这次世界大赛。而这次乒坛的重大胜利，也极大地鼓舞和增强了全国人民战胜困难的勇气和信心。中国人的这一胜利，在国外也引起了强烈的反响。当时的欧洲报刊评论说："中国结束了50年代日本称霸世界乒坛的时代，执掌了世界乒乓球运动的牛耳。"

为祝贺这次胜利，邮电部发行了这套纪念邮票，共4枚，并同时发行小全张1枚。

邮票解析

图4-1【会徽和迎春花】第26届世乒赛的会徽是由5个不同颜色的乒乓球拍组成的梅花，象征着五大洲的运动员欢聚一堂，共度美好时光。邮票画面上，这朵"梅花"和迎春花一起开放，表达了对本届大赛的祝贺和对乒乓球运动兴旺发展的期盼。

图4-2【在北京举行比赛】天坛是中国北京特有的建筑物，它表示了本届大赛在我国首都举行。邮票画面上，美丽的彩带衬托着乒乓球和球拍，表达了中国人民对各国乒乓健儿的热烈欢迎与友好感情。

图4-3【比赛】这是大赛的主题。邮票画面上，以一对男子单打运动员的竞技场面，表现了乒乓球运动的紧张、优美和激烈。

图4-4【北京工人体育馆】这是当年代表中国体育场馆最高水平的建筑物。邮票画面上，其巨大的扁圆形馆体映衬在两侧红旗之下，既告知了人们本届大赛的具体地点，又显示了我国对赛会的高度重视。

小全张由全套4枚邮票组成，下方边饰部位绘有清淡的天坛图形，极其庄重。

迎春花

第27届世界乒乓球锦标赛

2-1   2-2

（纪99）

2-1（329）运动员   8分   500万枚

2-2（330）奖杯   8分   500万枚

邮票规格：27.5 mm×48 mm

齿孔度数：11.5度

整张枚数：50枚

认识邮票中的体育竞技

13

版　别：雕刻版
设计者：刘硕仁
雕刻者：孙鸿年、高品璋
印刷厂：北京邮票厂

知识百花园

　　1963年4月5日至14日，第27届世乒赛在捷克斯洛伐克首都布拉格举行，我国派出了阵容强大的乒乓球代表团。面对众多世界强手，我乒乓健儿英勇奋战，顽强拼搏，夺得了男子团体、男子单打和男子双打三项世界冠军，为祖国争得了荣誉。消息传来，举国振奋，全国人民人民共贺我国乒乓运动再创佳绩。为此，邮电部发行了这套纪念邮票，以示祝贺。

邮票解析

　　图2-1【运动员】乒乓球作为一项竞技运动，对运动员的体质有着严格的要求，不仅需要具备足够的力量、耐力、速度和灵敏度，还需要有较高的专门技艺。因此，运动员须经过系统的身体训练和技术战术训练。这种训练是极为艰苦的，对运动员和教练员都是严峻的考验。邮票画面描绘一位男队员正在抽球的场面。

　　图2-2【奖杯】自1934年第八届世乒赛开始，设有男、女团体、单打、双打和男女混合双打七个项目，每个项目均设有来自不同国度的奖杯，具有流动性，届届相传。每届冠军只在杯上刻下自己的名字，保存到下届世乒赛开始前移交给下届组委会。邮票画面即以一硕大乒乓球拍为衬托，描绘了本届大赛上我国所夺得的3尊冠军奖杯的形象，即中间的男团斯韦思林杯，左侧男单圣·勃莱德杯，右侧男双伊朗杯。

第一届新兴力量运动会

发行日期：1963.11.7

5-1 5-2

5-3

5-4 5-5

（纪100）

15

5-1（331）足球　　　　　　8分　　　400万枚

5-2（332）铁饼　　　　　　8分　　　400万枚

5-3（333）新兴力量大团结　　10分　　300万枚

5-4（334）跳水　　　　　　8分　　　400万枚

5-5（335）体操　　　　　　8分　　　400万枚

邮票规格：（1、2、4、5图）23 mm×35 mm；（3图）48.5 mm×27 mm

齿孔度数：（1、2、4、5图）11度、（3图）11.5度

整张枚数：（1、2、4、5图）70枚、（3图）50枚

版　　别：（1、2、4、5图）雕刻版、（3图）影写版

设计者：周令钊、孙传哲、吴建坤

雕刻者：孙鸿年、孔绍惠、高品璋、唐霖坤

印刷厂：北京邮票厂

知识百花园

　　新兴力量运动会，简称"新运会"，是由印度尼西亚总统苏加诺提出倡议。第一届新运会于1963年11月10日至22日，在印尼首都雅加达举行。有来自亚洲、非洲、欧洲和拉丁美洲的48个国家和地区的2404名运动员参加。本届运动会设正式比赛项目19个，包括：篮球、排球、网球、乒乓球等。经过比赛，这届运动会打破了一批世界纪录，显示了新兴力量正在成长。这套纪念邮票以5幅画面描绘了新兴力量体育运动的盛况。

邮票解析

　　图5-1【足球】邮票画面描绘了一位男足运动员正在运球的场面。

　　图5-2【铁饼】邮票画面描绘了一位女运动员正在旋转将铁饼掷出的场面。

　　图5-3【新兴力量大团结】邮票画面描绘了浩浩荡荡的新兴力量体育大军，奋勇前进的场面。

　　图5-4【跳水】邮票画面描绘了一位男子跳台跳水运动员正在起跳的场面。

　　图5-5【体操】邮票画面描绘了一位女子体操运动员凌空飞跃的场面。

第28届世界乒乓球锦标赛

发行日期：1965.4.25

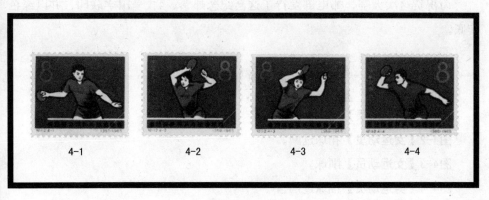

4-1　　　　4-2　　　　4-3　　　　4-4

（纪112）

4-1（357）男运动员　　　8分　　500万枚

4-2（358）女运动员　　　8分　　500万枚

4-3（359）女运动员　　　8分　　500万枚

4-4（360）男运动员　　　8分　　500万枚

邮票规格：27.5 mm×22 mm

齿孔度数：11.5度

整张枚数：100枚（4枚田字式联印）

版　别：影写版

设计者：邵柏林

印刷厂：北京邮票厂

认识邮票中的体育竞技

17

第28届世界乒乓球锦标赛于1965年4月15日至25日在南斯拉夫的卢布尔雅那市举行。中国乒乓球运动员继26、27届世乒赛均夺得三项世界冠军之后，再次扩大战果，除日本拿去的女子单打和混合双打两项冠军奖杯之外，其余5个冠军奖杯全部为我国乒乓球健儿捧回，除男、女团体冠军外，还有庄则栋获男子单打冠军，他和徐寅生一起获男子双打冠军，林慧卿和郑敏之获女子双打冠军。特别是庄则栋，自26届世乒赛以来，连续三次登上了世乒赛男子单打世界冠军领奖台，成为我国在世界体育运动大赛中第一位"三连冠"的运动员。

为祝贺这次大赛，邮电部发行了这套纪念邮票。4枚呈田字联印，并以绿色作底。

邮票解析

图4-1【男运动员】接球。

图4-2【女运动员】扣球过网。

图4-3【女运动员】削球。

图4-4【男运动员】抽球过网。

集邮小知识

小本票的特点

小本票上的邮票与原邮票的图案、面值、刷色均相同，只是由于装订裁切造成有一边或两边无齿孔。小本票配有简单的或精美的封面、封底，并印有与邮票相关的图案或文字说明；本子里的邮票，不仅有上下无齿票，连印票和过桥票，而且还有与众不同的小型张和小全张。内含小型张的小本票的发行量低于同期小型张，其设计更优，美学价值及信息量更大。小本票包罗了生肖、珍稀动物等热门选题。

中华人民共和国第二届运动会

发行日期：1965.9.28

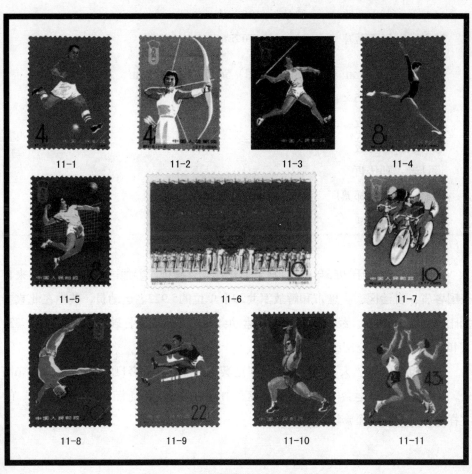

11-1　　11-2　　11-3　　11-4

11-5　　11-6　　11-7

11-8　　11-9　　11-10　　11-11

（纪116）

认识邮票中的体育竞技

19

11-1（371）足球　　　　4分　　　750万枚

11-2（372）射箭　　　　4分　　　750万枚

11-3（373）标枪　　　　8分　　　850万枚

11-4（374）体操　　　　8分　　　850万枚

11-5（375）排球　　　　8分　　　850万枚

11-6（376）开幕式　　　10分　　　200万枚

11-7（377）自行车　　　10分　　　180万枚

11-8（378）跳水　　　　20分　　　110万枚

11-9（379）跨栏　　　　22分　　　110万枚

11-10（380）举重　　　30分　　　90万枚

11-11（381）篮球　　　43分　　　90万枚

邮票规格：30 mm×40 mm、（6图）56.5 mm×36 mm

齿孔度数：11.5×11度

整张枚数：50枚、（6图）25枚

版　别：影写版

设计者：孙传哲

印刷厂：北京邮票厂

知识百花园

第二届全运会于1965年9月11日至28日在北京举行。参加这届运动会的有来自全国各省、自治区、直辖市和解放军共29个单位的5 922名运动员，其中在北京参加比赛的有5 014人。经过比赛，这届运动会共有24人10次打破9项世界纪录，331人469次打破130项全国纪录。

在运动会闭幕当天，邮电部发行了这套纪念邮票。全套11枚画面上，除第6图外，均标有本届全运会的会徽。其图案系由运动场跑道环绕着"1965"和"2"的字样及飘扬着的一面旗帜组成。

图11-1【足球】邮票画面为一位男子足球运动员跑动运球的形象。

图11-2【射箭】邮票画面为一位女子射箭运动员引弓搭箭正在瞄准的形象，展示了"会挽雕弓如满月"的风采。就在这届运动会上，我国箭坛名将李淑兰和王锡华、石桂珍以3321环和6572环打破女子团体单、双轮全能的世界纪录。

图11-3【标枪】邮票画面为一位男子标枪运动员助跑后，正在发力掷标枪的形象。

图11-4【体操】邮票画面为一位女子体操运动员腾空跃起的优美形象。

图11-5【排球】邮票画面为一位女排队员跃起扣球的矫健形象。

图11-6【开幕式】邮票画面以在红旗衬托下的毛泽东手书"发展体育运动，增强人民体质"的巨幅标语为背景，描绘了开幕式的入场式和大型团体操表演的盛况。这届全运会的团体操名为《革命赞歌》，分为"高举革命火炬""自力更生，奋发图强"、"紧握手中枪"、"红色接班人"和"将革命进行到底"等场次，参加者达16000多人。

图11-7【自行车】邮票画面为两位自行车选手奋力竞技的形象。

图11-8【跳水】邮票画面为一位男跳水运动员腾空跃下的雄姿，造型舒展自如。

图11-9【跨栏】邮票画面为两位男子径赛运动员跨越高栏赛跑时的竞技情景。

图11-10【举重】邮票画面为一位举重运动员将杠铃举过头顶的场面。

图11-11【篮球】邮票画面为篮球比赛中阻止投篮的精彩场面。

篮板

认识邮票中的体育竞技

21

第一届亚洲新兴力量运动会

发行日期：1966.12.31

4-1

4-2

4-3

4-4

（纪121）

4-1（391）中国运动员热爱毛主席 　　　　8分　　800万枚

4-2（392）团结反帝 　　　　　　　　　8分　　500万枚

4-3（393）增进友好	8分	500万枚
4-4（394）互相促进	8分	500万枚

邮票规格：（1图）50.5 mm×36 mm；（2图）36.5 mm×50 mm；

（3、4图）36.5 mm×26 mm

齿孔度数：11度

整张枚数：（1、2图）35枚、（3、4图）50枚

版　　别：影写版

设计者：万维生、陈晓聪、李大玮

印刷厂：北京邮票厂

知识百花园

第一届亚洲新兴力量运动会于1966年11月25日至12月6日在柬埔寨首都金边举行。来自亚洲17个国家和地区的近2 000名运动员参加，中国派出以黄中为团长的由331人组成的体育代表团赴会。本届运动会共设篮球、足球、排球、田径等21个正式比赛项目。中国举重运动员打破两项世界纪录。为祝贺这次运动会，邮电部发行了这套纪念邮票。4幅画面无一体育竞技场面，均为学习、交流、欢呼，反映了"文化大革命"时期突出政治的时代要求。

邮票解析

图4-1【中国运动员热爱毛主席】邮票画面以毛泽东像为中心，描绘了中国运动员欢呼"毛主席万岁"的场面。

图4-2【团结反帝】邮票画面上方印有毛泽东于1964年1月12日在（支持巴拿马人民反帝爱国斗争的谈话）中的一句话："全世界人民反对帝国主义及其走狗的斗争一定会取得更加伟大的胜利。"下方是各国运动员在进行反帝示威游行。

图4-3【增进友好】邮票画面以体育场内的看台为背景，描绘了各国运动员正在交换纪念物，中国运动员的礼物是《毛主席语录》。

图4-4【互相促进】邮票画面以体育场馆外景及金边的热带植物为背景，描绘了中外运动员一起学习《毛主席语录》。

认识邮票中的体育竞技

广播体操

发行日期：1952.6.20

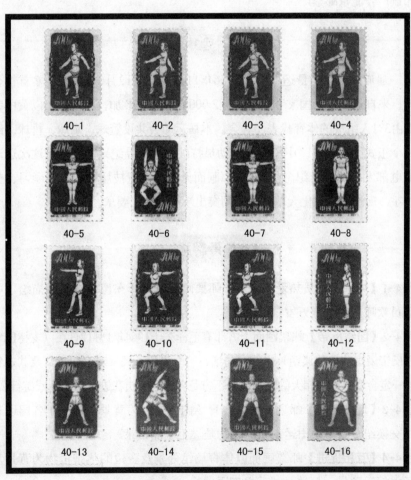

40-1　　40-2　　40-3　　40-4
40-5　　40-6　　40-7　　40-8
40-9　　40-10　　40-11　　40-12
40-13　　40-14　　40-15　　40-16

（特4）

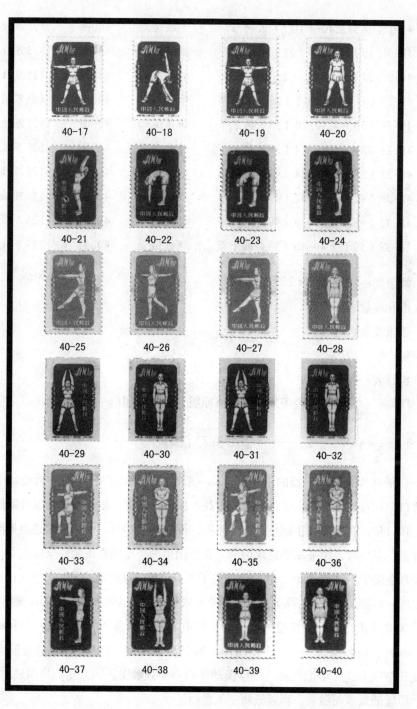

40-17   40-18   40-19   40-20

40-21   40-22   40-23   40-24

40-25   40-26   40-27   40-28

40-29   40-30   40-31   40-32

40-33   40-34   40-35   40-36

40-37   40-38   40-39   40-40

认识邮票中的体育竞技

40-1（14）至40-4（17）第一节	下肢运动	400圆	125万枚
40-5（18）至40-8（21）第二节	四肢运动	400圆	125万枚
40-9（22）至40-12（25）第三节	胸部运动	400圆	125万枚
40-13（26）至40-16（29）第四节	体侧运动	400圆	125万枚
40-17（30）至40-20（33）第五节	转体运动	400圆	125万枚
40-21（34）至40-24（37）第六节	腹背运动	400圆	125万枚
40-25（38）至40-28（41）第七节	平衡运动	400圆	125万枚
40-29（42）至40-32（45）第八节	跳跃运动	400圆	125万枚
40-33（46）至40-36（49）第九节	整理运动	400圆	125万枚
40-37（50）至40-40（53）第十节	呼吸运动	400圆	125万枚

邮票规格：16 mm×25.5 mm

齿孔度数：12.5度

整张枚数：144枚

版　别：胶版

设计者：孙传哲

印刷厂：上海华东税务局印刷厂（原版）、上海印刷一厂（再版）

知识百花园

广播体操是徒手体操的一种形式，一般在生产、工作、学习前后或间隙，在广播口令和音乐伴奏下，进行上肢、下肢、胸部、背部、躯干、全身以及跳跃等运动。1951年，我国颁布了第一套广播体操。同年11月24日，全国体育总会筹委会、教育部、卫生部、中央军委总政治部、青年团中央、全国总工会、全国妇联、全国青联和全国学联等9个单位，联合发出关于推行广播体操活动的通知，使其很快在各地工厂、学校、机关、部队大力推广开来，成为我国最普及、最流行的体操活动。

为宣传推广我国的广播体操活动，邮电部发行这套《广播体操》特种邮票。全套40种，每种邮票为一个体操动作，每个四方连为一节体操动作，全套共10节印成10个四方连，恰似这套广播体操动作的小型分解图。1955年1月10日发行再版票。原版纸质薄而微黄，再版纸质厚而发白。

图40-1至40-4图【第1节下肢运动】抬左腿，右臂前摆，左臂后甩；再抬右腿，左臂前摆，右臂后甩。

图40-5至40-8图【第2节四肢运动】双臂侧平举；双臂上直举，双腿蹲屈；恢复臂侧平举；双臂下垂体侧。

图40-9至40-12图【第3节胸部运动】出左腿，双臂前平举；右腿绷，左腿弓，双臂扩胸；重复双臂扩胸；重复双臂扩胸；左腿收回，双臂放下。

图40-13至40-16图【第4节体侧运动】双腿叉开，双臂侧平举；左手叉腰，右腿弓，左腿绷，右臂高举，身体左倾；恢复，双腿叉开，双臂侧平举；双腿叉开，双臂交叉胸前。

图40-17至40-20图【第5节转体运动】双腿叉开，双臂侧平举；双腿绷直、弯腰，左臂后上举，右手摸左脚；恢复双腿叉开，双臂侧平举；双腿叉开，双臂放下。

图40-21至40-24图【第6节腹背运动】双臂高举，挺胸后仰；收腹弯腰，双臂下垂；头部下压，双手着地；身体直立，双臂重放体侧。

图40-25至40-28图【第7节平衡运动】右腿支撑，左腿前伸，双臂前平举；左腿支撑，右腿后伸，双臂侧平举；重复右腿支撑，左腿前伸，双臂前平举；双腿并拢直立，双臂下垂体侧。

图40-29至40-32图【第8节跳跃运动】双腿跳跃叉开，双臂高举，双手头顶击掌；双腿跳跃并立，双臂下垂体侧；重复双腿跳跃叉开，双臂高举，双手头顶击掌；重复双腿跳跃并立，双臂下垂体侧。

图40-33至40-36图【第9节整理运动】右腿支撑，右脚踮起，左腿前提，双臂侧平举；双腿并立，双臂交叉胸前；左腿支撑，左脚踮起，右腿前提，双臂侧平举；双腿并立，双臂臂侧平举；双腿并立，双臂交叉胸前。

图40-37至40-40图【第10节呼吸运动】双腿并立，双臂前平举，吸气；双臂直举，用力吸气；双臂下落成侧平举，呼气，双腿并立；双臂下垂体侧，呼气。

亚非乒乓球友好邀请赛

发行日期：1971.11.3

（编21-24）

4-1（21）亚非乒乓球友好邀请赛纪念章　　　43分　　125万枚

4-2（22）中国人民热烈欢迎亚非朋友　　　　8分　　1 750万枚

4-3（23）互相学习，共同提高　　　　　　　8分　　1 750万枚

4-4（24）亚非人民的友谊　　　　　　　　　8分　　1 750万枚

邮票规格：31 mm×38.5 mm

齿孔度数：11.5度

整张枚数：50枚

版　　别：影写版

设计者：张克让

印刷厂：北京邮票厂

知识百花园

"文革"中期，为改善国际关系，增进与世界各国的友好，提高我国的国际声望，中国开始实施"乒乓外交"。1971年，邀请美国乒乓球队访华，这是美国民间团体首次访问中国。同年4月，中国同日本、朝鲜、尼泊尔、毛里求斯、埃及乒乓球协会的代表联合发起举办亚非乒乓球友好邀请赛，并决定在中国举行。11月2日至14日，亚非51个国家和地区的乒乓球代表团来到北京参加了这次邀请赛。在邀请赛期间，6个发起国的代表团团长举行了会议，决定把亚非邀请赛扩大为亚非拉乒乓球邀请赛，并继续由中国主办。为庆祝亚非乒乓球友好邀请赛在北京举行，交通部邮政总局发行了这套邮票。

邮票解析

图4-1【亚非乒乓球友好邀请赛纪念章】作为此次邀请赛徽志的纪念章，图案为菱形边框中镶嵌着一个乒乓球拍，上边的"AA"字母为亚、非两洲的英文缩写，并有"1971"和"北京"字样。

图4-2【中国人民热烈欢迎亚非朋友】自"文化大革命"以来，这是我国首次举办国际体育盛会，党和政府极为重视。邮票画面以北京工人体育馆为背景，花团锦簇，笑意盈盈，中国人民热烈欢迎亚非各国乒乓健儿前来做客和比赛。

图4-3【互相学习．共同提高】邮票画面描绘了不同国度的运动员在乒乓球台前切磋技艺的情景。

图4-4【亚非人民的友谊】邮票画面以北京天安门为背景，描绘了黄色和黑色皮肤的两位女运动员亲密无间的情景。

第一届亚洲乒乓球锦标赛

发行日期：1972.9.2

4-1

4-2

4-3

4-4

（编45-48）

| 4-1（45）第一届亚洲乒乓球锦标赛纪念章 | 8分 | 1 500万枚 |
| 4-2（46）欢迎 | 8分 | 1 500万枚 |

4-3 (47) 比赛	8分	1 500万枚
4-4 (48) 友谊	22分	300万枚

邮票规格：（1、4图）30 mm×40 mm；（2、3图）40 mm×30 mm
齿孔度数：（1、4图）11.5×11度；（2、3图）11×11.5度
整张枚数：50枚
版　别：影写版
设计者：杨白子、吴敏
印刷厂：北京邮票厂

知识百花园

1972年9月2日至13日，首届亚洲乒乓球锦标赛在中国北京举行。有31个国家和地区派出代表队参加。在这次锦标赛上，中国队获得女子团体、女子单打两项冠军。为纪念这次赛会，交通部邮政总局发行了这套邮票，并发行了首日封1枚，使自"文革"以来停发6年之久的首日封得以重新露面。

邮票解析

图4-1【第一届亚洲乒乓球锦标赛纪念章】邮票画面主图为一枚本届锦标赛纪念章，其图案为3个直径不等的圆环，内切于上方同一点，中间为一只乒乓球和一个球拍，球拍由"第一届亚洲乒乓球锦标赛"的英文缩写字母"ATTU"构成，而拍把则为一棵茁壮的幼芽，巧妙地象征着亚洲乒乓球运动的发展。背景为苍松翠柏和万壑群山，表达着亚细亚的友谊和兴旺。

图4-2【欢迎】邮票画面主图为一群少先队员挥舞着鲜花和球拍，热烈欢迎亚洲各国乒乓健儿的欢腾场面。

图4-3【比赛】邮票画面主图为男女混合双打的拼杀场面，背景为红彤彤一片，反映了"文革"时期的特征。

图4-4【友谊】邮票画面主图为3位不同国籍的女运动员在一起亲切交谈的情景，表达了亚洲各国的亲密无间。

认识邮票中的体育竞技

亚非拉乒乓球友好邀请赛

发行日期：1973.8.25

（编91-94）

4-1（91）亚非拉乒乓球友好邀请赛徽志　　　　8分　　　1 000万枚

4-2（93）热烈欢迎亚非拉朋友的到达　　　　　8分　　　1 000万枚

4-3（93）女乒乓球运动员　　　　　　　　　　8分　　　1 000万枚

4-4（94）团结和友谊　　　　　　　　　　　22分　　　200万枚

邮票规格：31 mm×38.5 mm

齿孔度数：11.5度

整张枚数：50枚

版　别：影写版

设计者：张克让

印刷厂：北京邮票厂

这次亚非拉乒乓球友好邀请赛是1971年11月在北京举办，亚非乒乓球邀请赛期间由中国、朝鲜、日本、埃及、尼泊尔和毛里求斯6个国家共同决定，并选出上述六国及智利、厄瓜多尔、尼日利亚、坦桑尼亚共10个国家乒乓球协会代表团组成筹委会，同时决定委托中国乒乓球协会举办第一届邀请赛。1973年8月25日到9月6日，首届亚非拉乒乓球友好邀请赛在北京举行，亚非拉86个国家和地区的乒乓球代表团前来参加。通过比赛，中国乒乓球队获得男子团体、女子团体和混合双打3项冠军。

首届亚非拉乒乓球友好邀请赛是我国在"文革"期间兴办的一次规模最为盛大的国际体育赛会，表明中国再一次向亚非拉各国朋友敞开了国门，其意义远远不只是一次普通的乒乓球比赛。这次邀请赛具有重大的国际影响，进一步提高了中国在世界上的声望。为纪念这次邀请赛，邮电部发行了这套邮票。其图案及所表达的内容均与《亚非乒乓球邀请赛》和《第一届亚洲乒乓球锦标赛》大体相同。

邮票解析

图4-1【亚非拉乒乓球友好邀请赛徽志】邮票画面主图为一枚本届邀请赛的赛徽。图案为在正五边形的外框内，由一只白色乒乓球和三面球拍组成的花蕾，中间标有亚、非、拉三大洲的英文缩写字头"AAA"，象征着三大洲乒乓球运动的崛起和发展。

图4-2【热烈欢迎亚非拉朋友的到达】邮票画面主图为几位刚刚走下飞机的三大洲友人。其设计巧妙之处在于，画面上虽然没有出现欢迎的人群，但透过绚烂的鲜花，充分表达了北京和中国人民的盛情。

图4-3【女乒乓球运动员】邮票画面主图为一位反手抽球的女乒乓球运动员。通过她那矫健的身影和流星似的小球，充分表现了这次赛会的紧张激烈。

图4-4【团结和友谊】邮票画面主图为代表亚、非、拉三大洲的3位女乒乓球运动员依偎在一起的半身像，表现了各国的传统友谊。

中华人民共和国第三届运动会

发行日期：1975.9.12

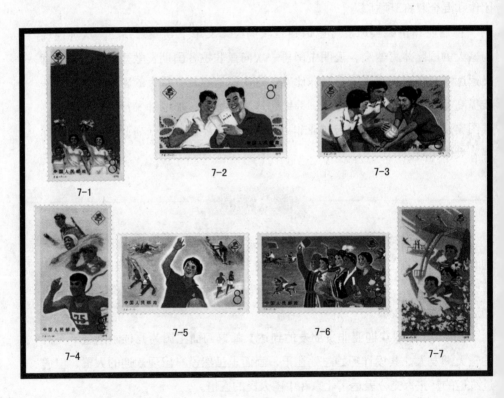

7-1

7-2

7-3

7-4

7-5

7-6

7-7

（J6）

7-1发展体育运动，增强人民体质	8分	600万枚
7-2认真看书学习	8分	600万枚
7-3友谊第一、比赛第二	8分	600万枚

7-4体育为工农兵服务	8分	600万枚
7-5开展群众性体育活动	8分	600万枚
7-6各民族体育运动蓬勃发展	8分	600万枚
7-7新生力量茁壮成长	35分	200万枚

邮票规格：（1、4、7图）31 mm×52 mm；（2、3、5、6图）52 mm×31 mm

齿孔度数：11.5度

整张枚数：40枚

版　　别：影写版

雕刻者：任宇、邹建军

印刷厂：北京邮票厂

知识百花园

　　新中国成立后，体育事业取得了许多新成就，"东亚病夫"的帽子被彻底甩掉，但在"文化大革命"中，所有这些成绩均被全盘否定。国家体委系统被诬蔑为脱离党的领导，不要无产阶级政治，钻进不少坏人的独立王国。国务院副总理兼国家体委主任贺龙被迫害致死，体育战线的大批干部、教练和运动员也惨遭摧残，曾为国建立卓越功绩的著名乒乓球教练傅其芳、容国团、姜永宁含冤去世，体育设施被捣毁，体育报刊被迫停办，体育院校停止招生，体育工作濒于停顿，群众性的体育活动和体育锻炼被跳"忠"字舞所代替，国际体育活动也被取消，运动技术水平急剧下降。1971年毛泽东、周恩来决定派中国乒乓球队去日本参加第31届世界乒乓球锦标赛，并决定邀请美国乒乓球队访问中国，这一行动打开了中国与美国之间关闭了20多年的大门，成为中美建交的起点。体育作为一项人民外交活动，起到了先行作用，小球推动了大球，效果显著，有目共睹。在此之后，在国务院的关怀下，大部分体育工作者回到了原工作岗位，并先后恢复了部分体育报刊的出版和体育院校的招生工作，到1973年，群众体育活动和运动技术水平都有所恢复和回升。

　　在这样的背景下，第三届全运会于1975年9月12日至28日在北京举行。这届运动会共有省、自治区、直辖市和人民解放军的31个单位12 497名运动员参加各项比赛。所设比赛的项目，成年组有28项，包括足球、篮球、排球、乒乓球、羽毛球、网球、棒球、女子垒球、手球、田径、体操、技巧、游泳、跳水、水球、划船（赛艇、皮艇、划艇）、举重、射箭、射击、击剑、武术、自行车（公路赛和赛车场赛）、中国式摔跤、棋类（围棋、中国象棋、国际象棋）、冰球、速度滑冰、花样滑冰、滑雪。少年组有8项，包括足球、篮球、排球、乒乓球、羽毛球、田径、游泳、体操。以及民族传统体育、航空模型、飞机跳伞、摩托车、水上摩托艇、航海模型等6项表演项目。通过比赛，共打破3项世界纪录；平2项世界纪录（均为射击）；打破62项全国纪录；打破58项全国少年纪录。在这届运动会的开幕式上，组织了超过2.3万人的大型团体操（红旗颂），展示了时代气息，显示了本届运动会的规模和水平。

这套纪念邮票的7幅图案中。均印有本届运动会的会徽。该会徽在菱形外框内，为一把熊熊燃烧的火炬，寓意我国体育运动的前景。这把火炬分别由红旗、运动场和"3"字组成，两侧有"1975""北京"字样。

邮票解析

图7-1【发展体育运动，增强人民体质】这是毛泽东同志在1952年为中华全国体育总会成立时所写的题词，代表了我国体育运动的方向和宗旨。邮票画面为大会开幕式上运动员肩扛竖标，挥舞花束，健步行进，威武雄壮的入场时的情景。

图7-2【认真看书学习】邮票画面为两名男运动员手捧《国家与革命》正在学习的情景。《国家与革命》，又叫《马克思主义关于国家的学说与无产阶级在革命中的任务》，是列宁在1917年8月到9月间于秘密状态中写成的一部系统阐述马列主义国家学说的重要著作，它透彻地回答了国际无产阶级革命和俄国革命所提出的一系列重大问题，捍卫和发展了马克思主义关于国家的学说，科学地阐明了无产阶级专政在从资本主义过渡到共产主义的整个过程中的历史作用。这部书在马列著作中占有重要地位。运动员在比赛之余看此书，与体育大赛没有什么必然联系，而是当时政治要求的产物。

图7-3【友谊第一、比赛第二】这是1971年周恩来在中国乒乓球队即将参加第31届世界乒乓球锦标赛时，向运动员提出的口号，从此，成为我国体育比赛的一条

准则。邮票画面为三名女排运动员场外认真切磋，交流技巧的情景。

图7-4【体育为工农兵服务】体育面向工农兵，为工农兵服务，这是当时中国体育运动的方针。邮票画面为田径运动员到达比赛终点时的瞬间。背景为工农兵形象。

图7-5【开展群众性体育活动】生命在于运动。我国群众性的体育活动由来已久，项目众多、人员广泛，对于健身防病、增强体质意义重大。邮票画面中心为一位女篮运动员，在她周围，有工人在练操，少年在爬山，运动员在跑步及解放军战士在训练的情景。

图7-6【各民族体育运动蓬勃发展】我国是一个多民族的国家，各民族均形成了自己独特的体育项目，成为中华民族体育大世界中的重要内容。邮票画面即以手持各种运动器材的汉、蒙、苗、彝、朝鲜和哈萨克等各民族运动员为主，背景为赛马正酣的辽阔草原，体现出少数民族体育的特点。

图7-7【新生力量茁壮成长】邮票画面为3名置身于鲜花丛中的少先队员，背景中3名少年跳水运动员已飞离跳台，腾空而起，如雏鹰展翅，翱翔蓝天，寓意深刻。

游泳运动员入水

中华人民共和国第四届运动会

发行日期：1979.9.15

（J43）

（J43 小型张）

4-1会徽 跑步 排球 举重　　　8分　　　1 500万枚

4-2足球 羽毛球 跳高 滑冰　　8分　　　1 500万枚

4-3击剑 滑雪 体操 跳水　　　8分　　　1 500万枚

4-4摩托车 乒乓球 篮球 射箭　8分　　　1 500万枚

小型张　会徽　　　　　　　　2元　　　20万枚

邮票规格：60 mm×20 mm

小型张规格：57 mm×62 mm，其中邮票尺寸：26 mm×31 mm

齿孔度数：11.5×11度、（M）11.5度

整张枚数：50枚（4枚田字式联印）

版　别：影写版

设计者：法乃光、卢天骄（M）

印刷厂：北京邮票厂

知识百花园

　　中华人民共和国第四届运动会于1979年9月15日至30日在北京举行，全国各省（包括台湾省）、市、自治区和中国人民解放军共31个单位参加，运动员共15 189人。比赛项目成年组设34项，包括：足球、篮球、排球、乒乓球、羽毛球、网球、手球、棒球、女子垒球、田径、体操、技巧、举重、游泳、跳

水、水球、划船（赛艇、皮艇、划艇）、武术、射箭、射击、击剑、自行车（公路赛和赛车场赛）、摔跤（古典式、自由式、中国式）、棋类（围棋、中国象棋、国际象棋）、速度滑冰、花样滑冰、冰球、滑雪、摩托车、跳伞、航空模型、航海模型、摩托艇、潜水等；少年组只设足球、田径两项。另有16 000多人参加了大型团体操《新的长征》的表演。通过比赛，打破5项世界纪录、102项全国纪录、5项全国少年纪录，平3项世界纪录，显示了我国体育运动蓬勃发展的总体水平。

为了庆祝大会的召开，邮电部发行了这套纪念邮票。其特点是在有限的票幅上，描绘了多种运动项目，仅4枚邮票中就包括了赛跑、排球、举重、足球、羽毛球、跳高、滑冰、击剑、滑雪、体操、跳水、摩托车、乒乓球、篮球、射箭等15种运动项目，欣赏它们，犹如置身于体育场馆观看一场综合性的体育比赛。

邮票解析

图4-1【会徽、跑步、排球、举重】会徽由运动场和火炬组成，中间置有"1979""4"的字样。四把火炬正在运动场熊熊燃烧，标志着第四届全运会的兴旺和成功。跑步即赛跑，画面上为运动员的标准跑步姿势；排球，画面以双人拦网动作来描绘；举重为运动员把杠铃刚刚举过头顶瞬间的画面。

图4-2【足球、羽毛球、跳高、滑冰】邮票画面上，足球运动员正在起脚射门；羽毛球运动员则跨步向前，意在将球回球过网；跳高运动员以背越式动作过杆；滑冰运动员正在进行速滑比赛。

图4-3【击剑、滑雪、体操、跳水】邮票画面上，击剑运动员正在出剑猛刺；滑雪运动员凭借雪杖和滑雪板，正在雪场疾行；自由体操运动员的腾空飞跃和跳水运动员入水前身姿矫健。

图4-4【摩托车、乒乓球、篮球、射箭】邮票画面上，摩托车运动员正在跨越障碍急速行进；乒乓球为运动员反身扣球的动作；篮球为双方运动员在篮板前投篮和防守的场面；以及射箭运动员瞄准靶心，一触即发的情景。

小型张【会徽】图案以放大了的第四届全国运动会的会徽为中心，周围环绕着篮球、武术、冰球、射击、跳伞、举重、帆板、乒乓球、射箭、羽毛球、象棋等体育比赛项目的器械及一只计时跑表的图样，表现了这届体育大会的盛况。

第十三届冬季奥林匹克运动会

发行日期：1980.2.13

4-1　　　　　4-2

4-3　　　　　4-4

(J54)

认识邮票中的体育竞技

4-1中华人民共和国奥林匹克委员会会徽　　　8分　　1 500万枚

4-2速滑　　　　　　　　　　　　　　　　8分　　1 500万枚

4-3花样滑冰　　　　　　　　　　　　　　8分　　1 500万枚

4-4滑雪　　　　　　　　　　　　　　　　60分　　150万枚

邮票规格：30 mm × 40 mm

齿孔度数：11.5 × 11度

整张枚数：50枚

版　　别：影写版

设计者：邹建军

印刷厂：北京邮票厂

知识百花园

为祝贺我国第一次参加冬季奥运会，邮电部发行了这套纪念邮票。图案以飞舞的雪花和冰雪环境为背景，描绘了冬奥会的场景和运动员的身姿。

邮票解析

图4-1【中华人民共和国奥林匹克委员会会徽】1912年5月5日至7月22日，第五届夏季奥运会在瑞典首都斯德哥尔摩举行。现代奥运会自1896年在雅典问世以来，第一次取得了重大突破。这一次，有来自欧、亚、美、澳、非五大洲的运动员参加，显示奥林匹克思想在世界范围内获得了传播。奥林匹克运动的这一新发展自然使人们产生一种想法：应当为它制作一面旗帜。于是在1913年设计了第一面奥林匹克旗。1914年，顾拜旦男爵向在巴黎召开的奥林匹克代表大会提交了这面旗帜，到1920年，在安特卫普奥运会上才第一次将它正式升起。在白底无边的旗中央有5个连接的圆环，这是奥林匹克的象征，它代表着五大洲，颜色依次（上左）是：蓝、黄、黑、绿、红，按照顾拜旦的解释，五环的颜色象征着各国参与的广泛性。邮票画面上的五环与一面五星红旗紧紧相连，在白雪冰松的衬托下，显得格外清新明亮，代表着中国与五大洲的朋友亲密团结和广泛交流，并将同世界各国一起，为捍卫奥林匹克精神，实现奥林匹克理想而共同奋斗。

图4-2【速滑】即"速度滑冰"，是在冰场的跑道上做快速滑行的运动。滑冰运动在我国有着悠久的历史，在公元10世纪的宋代就有了记载，《宋史·礼志》载有皇帝"幸后苑观花，作冰嬉"。元明以后，"冰嬉"更为盛行，但只限于宫廷中进行。到了清代，滑冰运动进一步普及，其技艺也有所提高，朝廷每年都要举办一次盛大隆重的滑冰比赛，既是一种表演观赏项目，也是对八旗兵武功的训练和校阅。冬季奥运会上的男子速滑项目在首届即已举行，女子速滑则是到1960年才成为奥运会项目。邮票画面上为男子速滑运动员正在冰面跑道上甩动双臂，风驰电掣，奋力疾行的情景。

图4-3【花样滑冰】邮票画面上是一位女花样滑冰运动员，正在作旋转滑行，其优美的身姿和艳丽的服饰，表明这项运动已不仅仅是冰上技术的竞技，还要比赛舞蹈、艺术体操、音乐和服装设计等。花样滑冰比赛，已成为一门综合艺术的较量。

图4-4【滑雪】作为雪上运动项目之一，滑雪在我国最早见于《隋书》的记载。在1 300年前，居住在黑龙江省大兴安岭地区的室韦族就"骑木而行"。对此，元人做过描述："木马形如弹弓，长4尺，阔5寸，一左一右，系于两足，激而行之雪中冰上，可以及奔马。"这种骑木，实际就是一种滑雪。居住在黑龙江一带的赫哲人，很善于滑雪，他们在300年前制造使用的滑雪板和使用的滑雪的方法，跟现代的类似。赫哲人把滑雪板作为交通工具，进行运输和打猎。而在国外，滑雪首先见于斯堪的纳维亚和阿尔卑斯山一带，并逐渐普及开来成为一项运动。其基本要领为滑时手持滑雪杖，脚穿木制的滑雪板，手撑足滑，交替进行。滑雪又分为跳台滑雪：跳台高约200米，助跑道长100米左右，与水平面成35～45度角。距离分为70米和90米两级，均由男选手参加。运动员沿陡峭的助跑道奋力下滑至尽端起跳，沿抛物线飞行，俯冲直下，至规定地段为止。以飞行距离、空中姿势、落地动作三项评分。滑雪射击：除男子个人10千米和团体4×7.5千米外，还有个人20千米，设4个射击点，射中内环不罚，射中外环罚一分，脱靶罚两分。越野滑雪：全程在森林、原野地段进行。平地、上坡、下坡各占1/3，每5千米设立一标志，以免迷路。雪杖折断，可以更换。山地滑雪：包括男、女快速降下，回转和大回转障碍，运动员需具备各种转弯的娴熟技巧和穿过线路上各组旗门的能力。邮票画面上即为一男运动员正在进行山地滑雪，展现了其快速降下的矫健和迅疾。

中国重返国际奥委会一周年纪念

发行日期：1980.11.26发

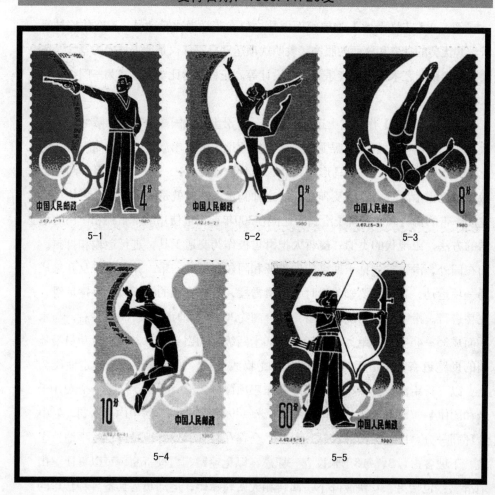

5-1　　　　　5-2　　　　　5-3

5-4　　　　　5-5

5-1射击　　　4分　　　500万枚

5-2体操　　　8分　　　1 000万枚

5-3跳水　　　8分　　　1 000万枚

5-4排球　　　10分　　　500万枚

5-5射箭　　　60分　　　125万枚

邮票规格：30 mm × 40 mm

齿孔度数：11.5 × 11度

整张枚数：50枚

版　别：影写版

设计者：卢天骄

印刷厂：北京邮票厂

知识百花园

　　新中国成立后，1952年7月19日至8月3日，我国参加了在芬兰首都赫尔辛基举行的第15届奥运会。在会上升起了中华人民共和国的五星红旗，这是一件具有历史意义的事情。中国代表团一行40人，包括游泳、篮球和足球队。但由于受阻迟到，仅1名游泳运动员实际参加了比赛。1956年，中国运动员已到广州集结准备参加奥运会，但由于国际奥委会竟同意"台湾当局"的体育组织派队参赛，因此，11月6日，中华全国体育总局发表声明宣布不参加墨尔本奥运会。1958年8月19日，又正式宣布断绝同国际奥委会的一切关系，并退出接纳了"台湾当局"的体育组织为会员的8个国际单项组织。1979年10月国际奥委会执委会名古屋会议通过决议，恢复中华人民共和国在国际奥委会中的合法权利。同年11月26日，国际奥委会经通信表决，批准了名古屋决议。值此中国重返国际奥委会1周年之际，邮电部发行了这套纪念邮票。画面采用近似我国古代石刻浮雕拓片形式，背景衬以不规则的白色曲线，表现了运动员的健美形象，并有奥运五环标志作为衬底，象征着中国重返世界体坛。入选画面的5个项目，其成绩均已进入世界水平，在参加的奥运会选拔和预赛中，取得过突出成绩。

图5-1【射击】第三次亚洲射击比赛中，我国选手共夺得22块金牌，4块银牌，为冲出亚洲奠定了基础。邮票画面描绘了一位射击运动员立射的姿态，表现其沉稳和准确。

图5-2【体操】1979年12月9日，在美国沃思堡市举行的第20届世界体操锦标赛中，我国体操选手获女子团体第4名，男子团体第5名。年仅14岁的马艳红获女子高低杠世界冠军，这是中国体操运动员第一次在世界锦标赛中取得冠军。邮票画面描绘了一位女子体操运动员的表演姿态。

图5-3【跳水】在第10十届世界大学生运动会上，我国运动员陈肖霞，战胜了1978年的世界跳台跳水冠军，荣登榜首，为祖国赢得了荣誉，国人为之振奋。邮票画面描绘了一位跳水运动员凌空跃下的姿态。

图5-4【排球】在第2届亚洲排球锦标赛上，我国男女排球队双获冠军，女排还获得第2届世界杯赛第4名，男排获第3届世界杯赛第5名。1980年5月，在南京国际女排友好邀请赛中，我国女排两次战胜日本队，击败了实力雄厚的美国队，获得了冠军，成为世界女排"五强"之一。邮票画面描绘了一位女排运动员扣球的姿态。

图5-5【射箭】在第一届亚洲射箭锦标赛中，我国选手孟凡爱获个人全能第一名，她以1 243环的成绩打破亚洲女子单轮纪录，又以300环的成绩打破女子70米单轮亚洲和奥运会纪录。自60年代以来，我国男子射箭健儿已先后十几次打破世界纪录，令世人刮目相看。邮票画面描绘了一位射箭运动员正张弓瞄准待发的姿态。

排球

中国乒乓球队荣获七项世界冠军纪念

发行日期：1981.6.30

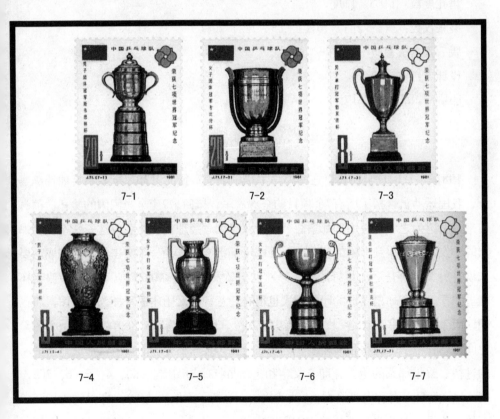

7-1 7-2 7-3

7-4 7-5 7-6 7-7

(J71)

认识邮票中的体育竞技

7-1男子团体冠军斯韦思林杯　　　20分　　　733.88万枚

7-2女子团体冠军考比伦杯　　　　20分　　　733.88万枚

7-3男子单打冠军勃莱德杯　　　　8分　　　1 055.20万枚

7-4男子双打冠军伊朗杯　　　　　8分　　　1 055.20万枚

7-5女子单打冠军盖斯特杯　　　　8分　　　1 055.20万枚

7-6女子双打冠军波普杯　　　　　8分　　　1 055.20万枚

7-7混合双打冠军赫杜塞克杯　　　8分　　　1 055.20万枚

邮票规格：30 mm×40 mm

齿孔度数：11.5×11度

整张枚数：（1、2图）16枚、（3～7图）20枚

版　　别：影写版

设计者：许彦博

印刷厂：北京邮票厂

知识百花园

　　1981年4月14日至26日，在南斯拉夫诺维萨德举行的第36届世界乒乓球锦标赛上，我国运动员囊括了所有7个项目的全部冠军，捧回来7座金光闪闪的奖杯。消息传来，全国为之欣喜。中国邮票总公司曹双禄副总经理提出为获得这一殊荣出套邮票的建议，立即得到大家的赞同，并经邮电部批准，作为一项突击任务去完成。要求设计方案不再是运动员打球的姿势，也不必表现乒乓球的赛场，而是把7座奖杯搬上邮票。这套邮票设计的印制版式也很有新意，男女团体冠军杯为1、2图，印在同一版张上，每张每图各8枚，面值均为20分，印量均为773.88万枚。在两个图案之间，印有中华人民共和国国旗和第36届世界乒乓球锦标赛的会徽，形成一条美丽的过桥。整张邮票的边上，印有文字和运动员打球的图案。而3、4、5、6、7图，则为竖式联印，每张每图各4枚，共20枚，无过桥，面值均为8分，印量均为1055.2万枚。为了动员北京邮票厂的广大职工完成这一紧急任务，1981年5月25日上午，国家体委副主任徐寅生到北京邮票厂作了两个多小时的报告，最后他说："7项冠军已经拿到手了，现在就等着把邮票也拿到手。"在各方面的共同努力下，这套邮

票终于在6月30日发行。世乒赛所设的这7座奖杯,每一座都是由对乒乓球运动做出卓越贡献的有识之士或组织捐赠的。根据国际乒联的规定,每一座奖杯都是流动的,获得者将名字刻上,等下一届再重新夺取。男女单打比赛若连续3届或不连续4届捧杯,国际乒联将复制一个比原杯小一半的奖杯赠给获得者永久保存。我国著名运动员庄则栋在第26至28届世乒赛上连续3次夺冠,从而获得了一座永久性奖杯,为祖国赢得了荣誉。这套邮票记载着我国乒乓健儿在第36届世乒赛上包揽了全部冠军的惊人奇迹。

邮票解析

图7-1【男子团体冠军斯韦思林杯】此杯是由英国乒联和国际乒联首任主席蒙塔古的母亲、国际乒联名誉主席斯韦思林勋爵夫人,在1926年首届世乒赛时捐献的。第一次捧杯的国家为匈牙利。我国1961年第26届北京世乒赛时首次夺得了男子团体冠军。

图7-2【女子团体冠军考比伦杯】此杯是由法国乒协主席马赛尔·考比伦先生在1934年于法国巴黎举行的第8届世乒赛时捐献。这届世乒赛首次设立女子团体赛,捧杯国家为德国。我国在1965年第28届卢布尔雅那世乒赛时首获此杯。

图7-3【男子单打冠军勃莱德杯】在1929年第3届世乒赛上,英国选手弗·佩里获男子单打冠军。为表彰佩里的成就,当时的英格兰乒协主席伍德科克先生捐赠此杯,并以佩里所在的伦敦圣·勃莱德学院乒乓球俱乐部的名称命名。男子单打首位冠军为1926年第1届伦敦世乒赛的匈牙利运动员R·雅科比。但第一个捧杯者为1929年第3届世乒赛的英国运动员弗·佩里。我国1959年第25届多特蒙德世乒赛上,荣国团获此殊荣,这是我国在世乒赛上获得的第一个冠军。第36届男子单打冠军得主为郭跃华。

图7-4【男子双打冠军伊朗杯】因第二次世界大战中断了7年的第14届世乒赛于1947年在巴黎举行,伊朗作为第二个加入国际乒联的亚洲国家参赛。伊朗国王穆罕默德·礼萨·巴列维特以该国名义捐献奖杯一座,授予该届男双冠军捷克斯洛伐克的瓦纳和斯拉尔,他们成为第一个捧此杯者。但首位男双冠军为1926年第1届伦敦世乒赛的匈牙利

运动员R·雅科比和R·佩西。我国在1963年第27届布拉格世乒赛上由张燮林和王志良首次夺得此杯。第36届男子双打冠军得主为李振恃和蔡振华。

图7-5【女子单打冠军盖斯特杯】1931年在匈牙利布达佩斯举行的第5届世乒赛上，东道主匈牙利乒协主席吉·盖斯特捐献了以他名字命名的奖杯，并授予该届女子单打冠军匈牙利选手米·梅德扬兹。她成为该项目首次冠军又是首位捧杯者。我国在1961年第26届北京世乒赛上丘钟惠首次夺冠。第36届女子单打冠军为童玲。

图7-6【女子双打冠军波普杯】1948年第15届世乒赛在伦敦温布利举行，国际乒联名誉秘书长韦·杰·波普捐献奖杯一座，并以他的名字命名。首次捧杯者为英国的托马斯和弗克斯。但第一次获此项目冠军的运动员是德国的E·梅茨格和E·吕斯特，她们是在1927年第2届斯德哥尔摩世乒赛上夺冠的。我国首次夺得此项比赛冠军是在1965年第28届卢布尔雅那世乒赛上，由林慧卿和郑敏之合作获得。第36届女子双打冠军为张德英和曹燕华。

图7-7【混合双打冠军赫杜塞克杯】此杯是在1948年于伦敦温布利举行的第15届世乒赛上首次设立，由捷克斯洛伐克乒协秘书长兹德内库·赫杜塞克捐献，并以他的名字命名。授予该届混合双打冠军美国的迈尔斯和梭耳。这个项目的第一个冠军是1926年第1届伦敦世乒赛，由匈牙利运动员E·梅什洛维茨和M·梅德扬兹夺得的。我国在1971年第31届名古屋世乒赛上，由张燮林和林慧卿合作首次夺得此项冠军。第36届混合双打冠军得主为谢赛克和黄俊群。

中国女排获第三届世界杯冠军

发行日期：1981.12.21

（J76）

2-1顽强拼搏　　　8分　　　1 651.66万枚

2-2为国争光　　　20分　　　937.16万枚

邮票规格：30 mm×40 mm

齿孔度数：11.5×11度

整张枚数：50枚

版　别：影写版

设计者：李印清

印刷厂：北京邮票厂

1981年11月6日至16日，第三届世界杯排球赛在日本东京举行。11月16日晚在大阪进行的决赛中，年轻的中国女排，以精湛的球艺，多变的战术和旺盛的斗志，取得七战七捷的胜绩，夺得冠军。中国女排教练袁伟民获最佳教练员奖，队长孙晋芳获最佳运动员奖、优秀运动员奖和优秀二传奖，"铁榔头"郎平获优秀运动员奖。1981年11月17日，《人民日报》发表题为《学习女排，振兴中华》的评论员文章，号召全国人民向女排学习。11月20日，中国妇女联合会授予中国女排"全国'三八'红旗集体标兵"称号。11月23日，中国女子排球队被团中央授予"全国新长征突击队标兵"称号。中国女排的胜利，极大地鼓舞着全国人民奋发图强、振兴中华、努力拼搏，并将该精神投入于祖国四化建设的伟大事业。

1981年11月17日，邮电部决定发行一套邮票，把中国女排历史性的突破纪录在邮票上。11月19日，邮票设计室同时拿出8个设计方案（草图）送国家体委审定，并向中国女排全体队员逐个征求意见。李印清设计的两幅画面被选中，于11月29日最终完成设计任务。北京邮票厂的职工，以女排的拼搏精神投入工作，50万张邮票的印刷任务至12月15日全部完成。发行之日，中国邮票总公司延长了营业时间，群众购买情绪高涨，体现了中国人民的爱国热情。

图2-1【顽强拼搏】邮票主图为一位中国女排队员扣球的动作。

图2-2【为国争光】邮票主图为一位中国女排队员正在领取冠军奖的形象。冠军奖杯捧在胸前，金质奖章挂在颈项，五星红旗高高升起，《义勇军进行曲》响彻大厅，响彻会场，响彻寰宇，充分表现了中国女排给祖国争得光荣，给人民带来盛誉。

中华人民共和国第五届运动会

发行日期：1983.9.16

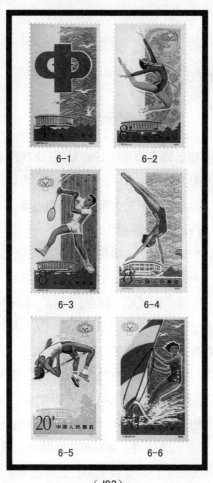

(J93)

认识邮票中的体育竞技

6-1会徽　　　 4分　　 632.76万枚

6-2自由体操　 8分　 1 182.76万枚

6-3羽毛球　　 8分　 1 240.86万枚

6-4跳水　　　 8分　 1 347.76万枚

6-5跳高　　　20分　　 609.56万枚

6-6帆板　　　70分　　 303.76万枚

邮票规格：31 mm×52 mm

齿孔度数：11.5度

整张枚数：40枚

版　别：影写版

设计者：邹建军

印刷厂：北京邮票厂

知识百花园

中华人民共和国第五届运动会原定于1983年9月16日在上海江湾体育场开幕，因天降大雨，不得不推迟两天。9月2日，在北京天安门广场举行了五运会"振兴中华火炬接力"点火仪式，国家主席李先念亲手把火炬点燃，这把熊熊燃烧的火炬于9月18日被准时送到了上海五运会开幕现场。

这届全运会，既是对我国体育运动成就的一次大检阅，也是我国运动员在1984年奥运会前夕的一次大练兵。共设25个比赛项目，包括：足球、篮球、排球、乒乓球、羽毛球、网球、手球、曲棍球、田径、体操、艺术体操、举重、游泳、跳水、水球、赛艇、皮划艇、帆船、帆板、射箭、射击、击剑、自行车（公路、赛场）、摔跤（自由式、右典式）、柔道等，另外还有武术、团体操表演。29个省、自治区、直辖市和解放军、火车头体协的31个体育代表团参加了各项比赛。通过比赛，有2人3次打破2项世界纪录，4人5次平3项世界纪录，创造了31项青年世界纪录，7人12次打破9项亚洲纪录，38队64人145人次打破60项全国纪录。评选出106个精神文明运动队，有1 500多名运动员、裁判员获得精神文明奖，还有314名群众体育工作先进集体的代表和先进工作者受到奖励。这届运动会在江湾体育场进行。这届比赛的项目大多是奥运会项目，反映了我国体育事业与国际接轨的发展方向。

为祝贺这次盛会的举办，邮电部发行了这套纪念邮票。6幅画面除会徽外，均为近几年我国发展较快并取得优异成绩的运动项目，它们也是本届运动会的重点项目。

邮票解析

图6-1【会徽】中华人民共和国第五届运动会的会徽，设计者为上海市轻工业专科学校装潢系讲师陈培荣。会徽图案由跑道、国旗和罗马文"V"字组成。在对称的环形跑道中央，一面五星红旗冉冉升起，组成了"中"字，象征我国体育事业在中国共产党领导下，蓬勃发展的面貌。图案中的"V"，在罗马数字中为"五"，代表"第五届"；"V"字两边的延伸，形似飞燕展翅，表达了我国体育运动的腾飞。

图6-2【自由体操】竞技体操的一种。新中国成立前，在我国几乎是空白。新中国成立后，1953年设立了竞技体操项目，经过近10年的刻苦训练和巨大努力，在1962年第15届世界体操锦标赛上，男子获得团体第4名，女子获得团体第6名的成绩，标志着我国步入了体操运动的世界先进行列。进入70年代后，在第七届、第八届亚运会上，我国男女体操队都夺得团体冠军。1981年后，我国在第21届世界体操锦标赛上，女队跃居团体亚军，男队名列团体第3名，李月久、李小平还分别夺得男子自由体操和鞍马的单项金牌。女子体操运动员马艳红于1979年12月在第20届世界体操锦标赛上获高低杠冠军。在第23届洛杉矶奥运会上，我国"体操王子"李宁1人夺得3枚金牌，使中国成为名副其实的体操强国。邮票画面即展现了一位女子体操运动员进行腾空跨越的优美造型。

图6-3【羽毛球】20世纪初，羽毛球传入中国，开始在沿海大城市中的少数人中间流行。新中国成立后，羽毛球逐渐得到普及。50年代末和60年代初，我国的羽毛球运动水平突飞猛进。从1953年到1959年的第一届全运会，国内多次举行过全国性的羽毛球比赛，涌现出不少优秀运动员，推动了这项运动的进一步普及和提高。1963年和1964年，中国羽毛球队两次打败世界冠军印度尼西亚队，世界为之震惊。1965年，又全胜北欧诸强，被誉为"无冕之王"。1971年我国在联合国的合法席位恢复后，随之参加了各类世界性比赛。男子羽毛球运动员韩健，一举夺得第二届、第四届两届世界羽毛球锦标赛男子单打冠军。

1982年，中国男子羽毛球队首次参加世界男子羽毛球冠军赛，并战胜所有强队，夺得汤姆斯杯。这一年，中国女子羽毛球队首次参加全英锦标赛，获得女子单打冠、亚军和双打冠军。1983年，中国女子羽毛球运动员李玲蔚，连续夺得这一年举行的世界锦标赛、世界杯赛、国际羽毛球巡回大奖赛的女子单打冠军。1984年，她又获得了全英锦标赛、世界杯赛、马来西亚国际羽毛球公开赛、印度尼西亚国际羽毛球公开赛的女子单打冠军，并且和队友一起，夺得了第十届尤伯杯赛冠军。这一系列成绩，奠定了中国的羽毛球运动强国地位。邮票画面即展现了一位男子羽毛球运动员反手接球的矫健造型。

图6-4【跳水】1904年第3届奥运会上，跳水被列为正式比赛项目。中国于1933年开始进行男子跳水比赛，女子比赛则始于1935年。1984年在第23届奥运会跳水比赛中，周继红获女子跳台跳水冠军。1985年在第4届世界杯跳水比赛中，我国获男女团体总分冠军和女子团体冠军，并且在世界大学生运动会、世界锦标赛和亚洲运动会上，多次夺得桂冠。邮票画面即展现了一位女子跳水运动员起跳后的凌空造型。

图6-5【跳高】现代跳高运动只有100多年的历史。新中国成立后，这项运动在我国发展很快。1983年6月，在本届全运会预赛中，朱建华跳过2.37米，打破了男子跳高世界纪录。1984年在联邦德国举行的国际跳高比赛中，他又用背越式刷新了2.39米的世界纪录。这种跳高姿势为弧线助跑和背向横杆，起跳后身体呈"桥"形过杆，为美国跳高运动员迪克 福斯伯里首创。邮票画面即展现了朱建华采用背越式过杆的真实造型。

图6-6【帆板】这项运动20世纪六七十年代发端于美国，并很快风靡欧洲。它分单人、双人和多人3种，由板体、帆杆、三角帆和带有万向节的桅杆组成，类似帆船，只是没有舵和座舱。板体长约4米，宽65厘米，重约20千克，头圆而尖，略微上翘，形似墨鱼骨，一般用玻璃钢、塑料或胶合板制成。桅杆上升有三角帆，约6平方米，通过万向节与板体相连，可作360度的自由旋转，而且能朝任何方向倾斜90度以上。运动员通过帆杆操纵帆前进，靠改变帆和板体重心位置把握方向。1980年，在夏威夷举行的世界帆板锦标赛中，美国选手罗布 纳希在海浪中腾飞高达5米，浪落时飞远达40米，从此以后，飞高飞远正式成为赛法之一。我国从1979年才开展这项运动。1981年9月在青岛举行了第一届全国帆板比赛。邮票画面即展现了一位女运动员在风浪中操纵帆板行驶的造型。

第二十三届奥林匹克运动会

发行日期：1984.7.28

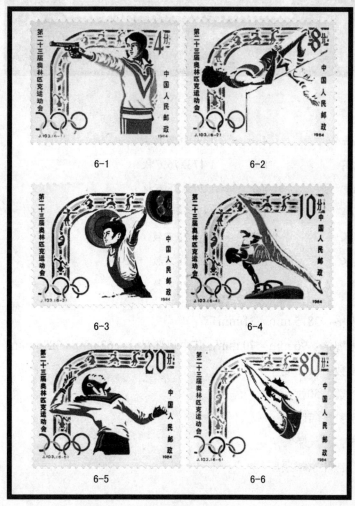

6-1   6-2

6-3   6-4

6-5   6-6

(J103)

认识邮票中的体育竞技

（J103 小型张）

6-1射击　　　　4分　　　739.26万枚

6-2跳高　　　　8分　　　1 473.76万枚

6-3举重　　　　8分　　　1 295.76万枚

6-4体操　　　　10分　　882.26万枚

6-5排球　　　　20分　　933.26万枚

6-6跳水　　　　80分　　757.26万枚

小型张　走向世界　2元　219.20万枚

邮票规格：38.5 mm×31 mm

小型张规格：96 mm×70 mm，其中邮票尺寸：62 mm×38.5 mm

齿孔度数：11.5度

整张枚数：50枚

版　别：影写版

设计者：卢天骄

印刷厂：北京邮票厂

第二十三届夏季奥运会于1984年7月28日至8月12日在美国西部城市洛杉矶举行。共有140个国家或地区的7 616名运动员参加。中国自1952年来重返奥运会后，首次派大型代表团参加本届奥运会16个项目的角逐，台北也选派67名运动员参赛，这是大陆和台北选手首次同台参加奥运会。本届奥运会共设21个比赛大项，221个单项，新增加女子射击、自行车、花样游泳、艺术体操和女子马拉松赛，女子五项全能改为七项全能。运动会由美国38岁的商人尤伯罗斯筹办。他动员市民组成义务服务队，利用全市各大学现有的体育设施，提倡商业公司给予赞助，高价出售电视转播权，增加门票收入，举行收费火炬接力等一系列有效措施，使运动会不但未亏损，还获得了几亿美元的盈利。中国运动员在大赛上夺得15枚金牌、8枚银牌、9枚铜牌，奖牌总分名列第六位，金牌总数名列第四位，成绩优异，为祖国赢得了荣誉。1984年8月13日，国务院致电中国体育代表团，赞曰："你们的优异成绩，改变了旧中国在奥运会的零分纪录，是我国体育史上具有历史意义的重大突破，标志着我国体育事业的新飞跃。"

为纪念第二十三届奥林匹克盛会，邮电部发行这套纪念邮票。主图均为我国比较先进的体育项目的运动员造型，背景则为跑道上的中国古代体育剪影，是依据1973年12月，在湖南长沙马王堆汉墓中发现的一卷系织品上的古代《导引图》绘制的。导引，是中国古代医疗体育和养生方法，是中国最早的一种医疗保健体操。据《吕氏春秋》和《路史》记载，它起源于原始社会末期。这幅《导引图》上，画着40多人，有的身穿便服，有的赤身裸足，有男有女，有老有少，在做各种导引动作，在图解之侧，还注有文字说明。这幅《导引图》证实我国早在2000多年以前，在医疗体育方面，已达到了较高水平。邮票画面以此为装饰，表现了我国体育从古代到现代悠久的历史及其在当代的发展和复兴，再一次向世人展示了中华民族的体育文明。

图6-1【射击】在女子射击领域我国已29次打破世界纪录，4次获世界冠军。在本届奥运会上，男子射击运动员许海峰在第一天的比赛中，便夺得第

二十三届奥运会第一枚金牌，打破了我国在奥运大赛中金牌零的纪录。邮票画面描绘了一位女子射手的手枪射击姿势。

图6-2【跳高】我国男子跳高运动员朱建华在本届奥运会上夺得铜牌，但在此之前，他曾几次打破世界纪录。邮票画面描绘一位男子跳高选手背越式过杆的姿势。

图6-3【举重】我国举重运动员吴数德在1983年8月打破世界纪录，11月又获世界冠军。本届奥运会上，他又为祖国夺得1枚金牌。邮票画面描绘了一位男子举重选手成功举起杠铃的姿势。

图6-4【体操】我国体操运动已令世界刮目相看。在本届奥运会上，楼云、马燕红各夺1枚金牌，李宁独得3金2银1铜，成为第二十三届奥运会获得奖牌最多的运动员。邮票画面描绘一位男子体操选手进行鞍马全旋的姿势。

图6-5【排球】本届奥运大赛之前，中国女排已两夺世界冠军。在第二十三届奥运会上，女排队员奋力鏖战，力克群雄，荣登榜首，实现了"三连冠"的夙愿。邮票画面描绘女排队员跃身击球的姿势。

图6-6【跳水】中国女子跳水运动员陈肖霞等，已数夺世界冠军。本届奥运会上，周继红在女子10米跳台跳水决赛中，夺得我国在奥运会水上项目中的第一块金牌。邮票画面描绘了一位女跳水队员起跳后的姿势。

小型张【走向世界】画面巧妙地把艺术体操中的藤圈操与奥运五环结合起来，周围环以20个中国古人的运动造型，既与六枚邮票图案协调，又显得庄重大方，民族气息浓郁。

第二届全国工人运动会

发行日期：1985.9.8

2-1

2-2

（J118）

2-1奋进　　　　8分　　1 618.76万枚

2-2腾飞　　　　20分　　1 557.76万枚

邮票规格：40 mm×30 mm

齿孔度数：11×11.5度

整张枚数：50枚

版　别：影写版

设计者：邹建军

印刷厂：北京邮票厂

知识百花园

第一届全国工人运动会于1955年举行。30年来，全国的职工体育运动发展很快。据统计，在全国经常参加体育锻炼的职工就有一亿多人，约占职工总数的1/3。职工体育协会组织约23 000多个，各大中城市的职工环城长跑活动，江河湖海的游泳活动，工间操以及篮球、排球、乒乓球、羽毛球、田径等运动项目，在许多工厂、矿山、铁路、运输企业已普遍开展，并不断创造出好成绩。为检阅全国职工队伍体育运动的实况，1985年9月8日至15日，全国总工会和国家体委在北京举行了第二届全国工人运动会。正式比赛设球类、田径、游泳、自行车等多种项目。运动员们创造出了优异的成绩，显示了工人阶级的运动水平。

邮票主题既表现了工人阶级的拼搏进取，又表现了运动会的丰富多彩。两幅图案均印有由跑道和火炬组成的会标，并用各种运动项目作为背景，象征职工体育运动的蓬勃发展。

邮票解析

图2-1【奋进】邮票画面为一位正在疾速行驶的自行车运动员的形象。这届工运会规定：比赛车辆，男、女场采用国产"28"型普通自行车，不许装置加快轴和变速器，轮盘不得多于48齿，飞轮不得少于18齿。

图2-2【腾飞】邮票画面为两名正在健步跨栏的女子运动员的形象。

奋进

第一届全国青少年运动会

发行日期：1985.10.6

（J121）

2-1 女青年·田径运动　　　8分　　　2 135.76万枚

2-2 男青年·篮球运动　　　20分　　　1 556.26万枚

邮票规格：30 mm×40 mm

齿孔度数：11.5×11度

整张枚数：50枚

版　别：影写版

设计者：王怀庆

印刷厂：北京邮票厂

认识邮票中的体育竞技

知识百花园

首届全国青少年运动会于1985年10月6日至18日在河南郑州举行，国务院副总理万里到会祝贺。来自全国各省、自治区、直辖市以及解放军、火车头体协近3 000名体育健儿，从7日起在郑州、新乡、焦作、洛阳、开封5个赛区进行12个项目的比赛，共决出262块金牌，广东、上海、河北3个省（市）代表团，分别获得各项比赛金牌总数的前三名。

邮票画面分别为年轻男女运动员的头部剪影，衬托出一位女田径选手和男篮运动员的形象。

集邮小知识

最早的古钱艺术邮票

中国最早的古钱币艺术邮票是中国邮电部于1981年10月29日发行的《中国古代钱币》特种邮票（第1组）。这套邮票使用的古钱币，均属秦统一全国以前的货币。全套共有8枚。第1枚海产货贝及铜贝，是商代使用的货币，河南省安阳出土。这也是我国古代最早的货币及金属货币。第2枚空首布，是春秋时期晋国使用的铲形货币，尖肩尖足无文字，山西省侯马出土。第3枚"鬲"空首布，是春秋时期东周使用的铲形货币，河南省伊川出土。第4枚"安邑二釿"布，是战国时期魏国在安邑（今山西省夏县）地方使用的铲形货币。第5枚"齐法化"刀，是战国时期齐国在齐城（今山东省临淄）地方使用的刀形货币。第6枚"节墨之法化"刀，是战国时期齐国在节墨（今山东平度）地方使用的刀形货币。第7枚"成白"刀，是战国时期赵国在邯郸使用的刀形货币。第8枚"共"圜钱，是战国时期魏国在共（今河南省辉县）地方使用的圆孔货币，圆钱圆孔。这些古钱币邮票，以实物为依据，再现了战国以前古钱币的真迹，体现了我国古代先进的铸造工艺和科学文化水平，成为宣传我国传世珍品的好教材。

中华人民共和国第六届运动会

发行日期：1987.11.20

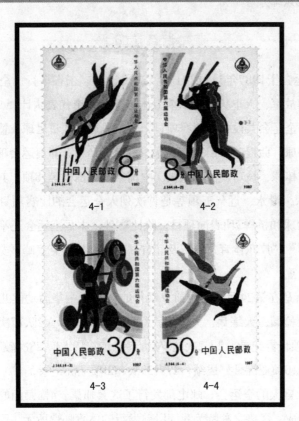

4-1　　　　　　　4-2

4-3　　　　　　　4-4

（J144）

4-1撑竿跳高　　　8分　　　1 631.9万枚

4-2女子垒球　　　8分　　　1 636.65万枚

4-3举重	30分	802.65万枚
4-4跳水	50分	699.65万枚

邮票规格：30 mm×40 mm
齿孔度数：11.5×11度
整张枚数：50枚
版　别：影写版
设计者：卢德辉
印刷厂：北京邮票厂

知识百花园

　　第六届全运会于1987年11月20日至12月5日在广东省举行。全国各省、自治区、直辖市及解放军、火车头体协、前卫体协等共37个代表队计15 000人参加了此届运动会。这届全运会共设44个比赛项目，包括奥运会项目足球、篮球、排球、乒乓球、网球、手球、曲棍球、田径、游泳、跳水等26项；非奥运会项目女子足球、羽毛球、垒球、棒球、技巧、国际象棋、中国象棋、围棋等18项。其中女子足球、蹼泳、花样游泳、滑水、近代五项等是首次列入全运会的比赛项目。另外，还有高尔夫球、保龄球和桥牌3项表演项目。除比赛外，本届全运会还举办了"体育金杯""体育摄影""广东体育之春"及"首届中国奥林匹克集邮展览"等活动，使运动大会更为隆重。

　　这届全运会是在第24届奥运会前夕举行的，对于中华运动健儿冲出亚洲，走向世界是一次大检阅、大练兵、大选拔。经过比赛，有10人2队17次破15项世界纪录，3人3次平3项世界纪录，2人2次超2项世界纪录，19人1队28次破7项亚洲纪录，还有16人14次创10项亚洲最好成绩，27人39次超2l项亚洲纪录。

　　为纪念这次盛大的全运会，邮电部发行了这套邮票。4幅画面的人物造型均以抽象连续动作构成，风格之独特为我国以前发行的体育邮票所无。而人物形体的变形、夸张及色彩、阴影给人们带来的视错觉，造成一种凝重而激动人心的氛围，表现了运动员搏击时的健美风姿。4枚邮票画面上均有一部分跑道，而摆成四方联，则组成一个"6"字，每枚邮票上都印有一颗六运会的会徽，使全套邮票更具体育比赛之气氛。

图4-1【撑竿跳高】据体育运动史的一些学者研究认为，撑竿跳高是从古人撑杆跳跃演变而来的。到了19世纪，欧洲的一些国家开始了撑竿跳高的比赛。在1896年首届奥运会上便进行了该项目的比赛，当时用的是木杆。20世纪初，这个运动项目引进我国。新中国成立前，旧中国第一届全国运动会撑竿跳高最好成绩仅为2.75米。1936年符保卢创造的纪录为4.015米。新中国成立后，新中国第一届全运会上有8名选手跳过4.10米的高度。1965年，胡祖荣以4.90米的成绩创造了全国纪录。1973年蔡长希又把全国纪录提高到4.92米。1983年第五届全运会上，北京张成的成绩为5.45米。邮票画面即展现了这一项目的过杆动作。

图4-2【女子垒球】垒球为在室内开展的一种棒球形式，它球场较小，但球较大而软，适合在女子及少年男子中开展。于1887年由美国的乔治·汉科克在芝加哥市的法拉古特划船俱乐部发明。1895年，垒球以"小猫球"之名在明尼阿波利斯首次得到正式承认。"垒球"这一名称是沃尔特·哈康森在1926年的全美娱乐活动大会上提出的，并于1930年在全美范围内得到采用。国际垒球联合会成立于1950年，为快慢两种投球比赛的管理机构，该组织于1965年经过改组重建。我国自新中国成立后，在全国各地普遍建立了棒垒球协会，修订和公布了棒垒球运动规则，并多次组织全国性的比赛活动，使我国这项运动的水平有了很大提高。邮票画面即展现了女子垒球的击球动作。

图4-3【举重】新中国成立后，我国已多次发行过举重运动项目的纪念邮票。最早是1957年3月20日发行的《全国第一届工人体育运动大会》（纪39）全套5枚，其中第5枚即为"举重"。接着在《第一届全国运动会》（纪72）、《中华人民共和国第二届运动会》（纪116）、《中华人民共和国第四届运动会》（J43）纪念邮票中，均有举重项目。这次是第5次发行，足见这个运动项目的重要。邮票画面即展现了这个项目挺举过头的动作。

图4-4【跳水】新中国成立后，这个项目的纪念邮票也已发行过多次。邮票画面即展现了离开跳台后入水前得动作。

认识邮票中的体育竞技

67

1990·北京第十一届亚洲运动会（第一组）

发行日期：1988.7.20

2-1

2-2

（J151）

2-1亚运会会徽　　8分　　4 091.15万枚

2-2亚运会吉祥物　30分　　1 819.15万枚

邮票规格：40 mm×30 mm

齿孔度数：11×11.5度

整张枚数：50枚

版　别：影写版

设计者：王虎鸣

印刷厂：北京邮票厂

知识百花园

　　亚洲运动会是亚洲体育健儿进行竞技比赛的体育大会，也是亚洲最为隆重的运动盛会，其宗旨是：发扬奥林匹克精神，鼓励和引导亚洲国家业余体育运动的发展。亚运会除前两届相隔5年外，每4年举行一次，与奥运会相间举行，每次会期不超过16天。其比赛项目有：田径、游泳、水球、跳水、足球、篮球、排球、曲棍球、羽毛球、拳击、摔跤、举重、射击、射箭、帆船、体操、柔道、自行车、赛艇、皮划艇、马术、击剑、乒乓球、网球、手球、高尔夫球、藤球、保龄球、卡巴迪、跆拳道等30项，另外还有艺术展览（建筑绘画、雕塑、音乐等）的比赛。每届主办国从这些项目中至少选择11项，其中田径、游泳、水球、跳水和艺术展览是必选项目，主办国也可根据本国情况和某项运动成绩的水平做适当增减。随着亚洲各国体育运动的蓬勃发展，比赛项目有逐届增多的趋势，规模也随之宏大。

　　第一届亚运会原定于1949年2月在印度新德里召开，但由于印度国内的某些原因，延至1951年3月4日到10日举行，有11个国家和地区的489名运动员进行了6个项目的比赛。1954年5月1日到9日，在菲律宾马尼拉举办了第二届亚运会，18个国家和地区的970名运动员进行了8个项目的比赛。第三届亚运会于1958年5月24日至6月1日在日本东京举行，20个国家和地区的1 422名运动员进行了13个项目的角逐。1962年8月24日至9月2日，第四届亚运会在印度尼西亚雅加达举行，有17个国家和地区参加，1 545名运动员进行了13个项目的比赛。第五届亚运会于1966年12月9日至20日在泰国曼谷召开，18个国家和地区的1945名运动员进行了14个项目的比赛。第六届亚运会也在泰国曼谷举行，参赛国家和地区也是18个，运动员为1 752名，比赛项目为13个。1974年9月1日至16日，在伊朗德黑兰召开了第七届亚运会，25个国家和地区的2 363名运动员进行了16个项目的比赛。1978年12月9日至20日，第八届亚运会还是在泰国曼谷举行，25个国家和地区的2 879名运动员进行了19个项目的比赛。1982年11月19日至12月4日，在印度新德里举办了第九届亚运会，参赛国家和地区增加到33个，运动员也增至3 345人，比赛项目为21个。第10届亚运会于1986年9月20日至10月5日，在韩国汉城召开，27个国家和地区的4 839名运动员进行了25个项目的比赛。1984年9月28日，亚洲奥林匹克理事会代表大会决定，第11届亚运会于1990年9月在中国北京举行。亚运会在我国举行，其意义十分重大。

中国是亚运会最早的成员国之一，1951年第一届亚运会时，我国就派出了以吴学谦为团长的观察团。但从第二届至第六届，由于国际政治势力的阻挠，均未能参加。直到1974年第七届亚运会时，我国才恢复了应有的权利，而且一举夺得金牌总数第3名，使亚洲及世界体坛为之震惊。至1990年，由我国来举办这一亚洲体育盛会，国家对比极为重视，成立了第11届亚运会组织委员会来具体负责这项工作。邮电部为配合宣传和组织落实，决定在1988、1989和1990年连续为这次大会发行3套纪念邮票和1枚小全张，并拿出邮票发行收入中的300万元人民币赞助第11届亚运会。此套纪念邮票即为第一组，利用会徽和吉祥物这两幅图案，把第11届亚运会的基本情况首先概括性地介绍给世人。

邮票解析

图2-1【亚运会会徽】由上海工业大学建筑美术研究系朱德贤教授设计。主图为绿色长城组成的罗马数字"XI"，表示第11届亚运会在中国举行。空中一颗闪亮的启明星寓意着亚洲和我国体育事业的蓬勃发展及灿烂前景。会徽高度概括了运动会的内容，极为简练醒目。

图2-2【亚运会吉祥物】由长春电影制片厂首席绘景师和美术设计师刘忠仁设计。主图为一只手持金牌、欢快奔跑、喜气洋洋的大熊猫"盼盼"。熊猫为中国国宝，金牌上有天安门图形，其寓意自明。而金牌对各国都象征着莫大的荣誉，对每个运动员来说都具有极大的振奋力和感召力。盼望得到金牌并用自己的拼搏去争取，这正是吉祥物的内在含义。

第一届全国农民运动会

发行日期：1988.10.9

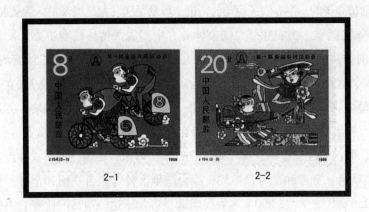

2-1　　　　　　　2-2

（J154）

2-1自行车载重比赛　　8分　　2 177.65万枚

2-2武术　　　　　　20分　　1 141.65万枚

邮票规格：38.5 mm×31 mm

齿孔度数：11.5度

整张枚数：50枚

版　　别：影写版

设计者：刘长春、吕胜中

印刷厂：北京邮票厂

知识百花园

党的十一届三中全会以来，随着农村经济政策的落实，农村经济发展迅速，农民生活普遍有了明显改善和提高，求富、求知、求乐已成为广大农民的迫切要求，特别是农村青年迫切需要丰富多彩的体育文化生活，农村群众性的体育活动空前活跃。在我国，随着改革开放的深入以及国民经济的腾飞，广泛而深入地挖掘我国农村体育人才的时机已经到来。实践证明，在广阔的农村大地，优秀的体育精英不断涌现，在不久前刚刚结束的第六届全运会上，许多省、自治区、直辖市的代表队中，有1/3的运动员来自农村。在第七届亚运会上，我国所取得的94块金牌中，有24块是来自农村的运动员夺得的。举办农民运动会，进一步发现和发掘这类人才，意义重大。

经国务院批准，由农业部、国家体委、中国农民体协联合主办，北京市政府承办的全国首届农民运动会于1988年10月9日至16日在北京先农坛体育场和6个郊区、县的8个体育场举行。为了使这次运动会开得更好，北京市专门成立了组织委员会。全国各省、自治区、直辖市都举办了省级运动会或单项选拔赛，并选调了一批有经验、有水平的裁判员和教练员对参赛运动员进行了集训。首届农运会共设7个比赛项目，即：田径、篮球、乒乓球、自行车、射击、足球、中国式摔跤，另外还有2个表演项目：武术和蒙古式摔跤。除台湾地区外，来自全国30个省、自治区、直辖市的250支代表队共3 000多名农民运动员参加了这些项目的比赛。中央和北京市的有关领导参加了开幕式和闭幕式，王震副主席和彭冲、李锡铭等领导同志分别向运动员颁发了竞赛优胜奖、体育道德风尚奖和纪念奖。大会获得圆满成功，充分展示了我国农村改革和建设的兴旺发达的大好形势，体现了党和政府对发展农村体育运动，增强农民体质的重视和关怀，为我国农村体育运动史揭开了新的一页。

为祝贺这次运动会的召开，邮电部发行了这套纪念邮票。两幅画面均采用年画形式，既表达了农运会的体育特点，又富有浓厚的乡土气息。

邮票解析

图2-1【自行车载重比赛】邮票画面为5号和8号自行车运动员争先恐后、奋力向前的骑行场面。

图2-2【武术】邮票画面为两位女子武术运动员枪、刀对打的场面。

1990 · 北京第十一届亚洲运动会（第二组）

发行日期：1989.12.15

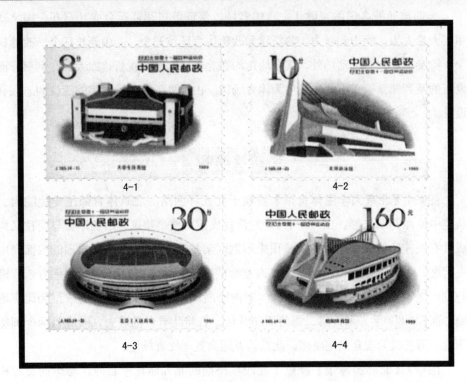

4-1

4-2

4-3

4-4

（J165）

4-1北京大学生体育馆	8分	2 414.15万枚
4-2北郊游泳馆	10分	2 274.15万枚
4-3北京工人体育场	30分	2 259.15万枚
4-4朝阳体育馆	1.60元	2 214.15万枚

邮票规格：40 mm×30 mm

齿孔度数：11×11.5度

整张枚数：50枚

版　别：影写版

设计者：（1、2、4图）张磊、王茵茵；（3图）何洁、孙艺

印刷厂：北京邮票厂

知识百花园

为迎接亚洲各国体育健儿来我国竞技，保证第11届亚运会成功召开，国家动用了大量人力、物力和财力，共新建和改建体育场馆33个，其中新建19个，改建14个，除秦皇岛水上运动场外，其余场馆均在北京。这套为祝贺这次大会胜利召开而发行的系列邮票第二组，主图均为体育场馆，由中央工艺美术学院的四位同志联合设计。

邮票解析

图4-1【北京大学生体育馆】新建于北三环西路的北京体育师范学院院内。从空中俯瞰为四方形，由4根八角形的筒柱支撑着整个建筑，白色厚檐与筒柱又构成具有民族风格的牌坊形象。屋顶采用钢网架结构，重达400吨。屋顶的四面向中央起坡，中间的采光窗隆起，使馆内宽敞明亮。全馆建筑面积为9 643平方米，设4 000个座位，其中2/3为活动座位。室内净高16.2米，共分3层：第一层为比赛场地，面积1 800平方米；第二层为活动看台，若将此看台推进去，即成为两个训练场地；第三层为观众固定坐席。此馆为亚运会篮球比赛场地。

图4-2【北郊游泳馆】新建于北四环路南的北郊体育中心内，与运动员村相对。它是当时亚洲最大的现代化游泳馆，也是此次亚运会工程量最大的一个项目，建筑面积34 782平方米，可容纳观众6 128人。馆内设有比赛池、跳水池、练习池、热身池和训练用房等。其中比赛池的规格为50米×25米，水深3米；跳水池的规格为25米×25米，水深5.5米。该馆在建筑上最奇特的地方，是它那斜拉双坡曲面形网壳结构的馆顶，长117米，重280多吨，由巨大的钢索拉起。为建造此馆，香港实业家

霍英东先生捐赠了1亿元港币，表达了对祖国体育事业和民族振兴的巨大支持。

图4-3【北京工人体育场】该场建于1959年，此次为满足亚运会的要求，进行了加固和改建。体育场的北端设置火炬台，南端设大型记分牌和彩色屏幕，看台改设座椅，增加电子服务和新闻用房，并改造了场地照明，改善了音响。改建后的工人体育场已面目一新，它将作为这届亚运会的主会场，届时亚运会的圣火将在这里点燃，亚运会的开幕式、闭幕式和足球预赛和决赛也将在这里举行。

图4-4【朝阳体育馆】新建于北京朝阳区六里屯。该馆为椭圆形悬索结构，设计新颖，造型独特。总建筑面积8 520平方米，室内净高13.14米，可容纳观众3 036人。亚运会将在这里进行排球比赛。为了满足市民在文化、体育方面的多种需求，设计师们还在馆内赛场上空设计了悬挂电影银幕装置，使该馆具有多种功能，可以综合利用。

集邮小知识

专用免费封

经邮政部门批准专门印制的可以免费寄递的信封。其使用者应是享受特许免费交寄信件的团体或个人。信封上一般印有特殊标志。有的国家议员享有特许免费的特权，可以使用为他们专门印制的专用免费封。中国较早的专用免费封有：闽赣特区于1933年6月前后印制的优军免费封，封面下方印有"闽赣特区队部赠"的标志，赠给新入伍的战士使用；1942～1945年期间，胶东战邮管理局特制的免费拥军信封，发给胶东军区各部队，用于寄递现款、平挂号信，也可免费办理挂号手续，1942年胶东战邮管理局发行的"胶东一届参议会纪念"免费封；晋冀鲁豫边区交通局为表彰1945年9月上党战役英雄发行的免费封，封面印有"光荣信封，免费寄递"和"晋冀鲁豫边区交通局敬赠"字样，在庆功大会上作为奖品送给有关将士。

1990·北京第十一届亚洲运动会（第三组）

发行日期：1990.9.22

6-1

6-2

6-3

6-4

6-5

6-6

(J172)

（J172 小全张）

6-1田径运动　　　4分　　　　2 112.15万枚

6-2体操　　　　　8分　　　　2 013.15万枚

6-3武术　　　　　10分　　　　2 135.65万枚

6-4排球　　　　　20分　　　　2 261.4万枚

6-5游泳　　　　　30分　　　　2 169.15万枚

6-6射击　　　　　1.60元　　　2 040.4万枚

小全张（含J151、J165、J172三套邮票）　　7元　　748.25万枚

邮票规格：40 mm×30 mm

小全张规格：190 mm×130 mm；其中邮票规格：40×30 mm

齿孔度数：11×11.5度

整张枚数：50枚

版　别：影写版

设计者：卢德辉、刘波、（M）姜伟杰、李庆发

印刷厂：北京邮票厂

　　第十一届亚运会于1990年9月22日至10月7日在北京举行，这是亚运史上规模最为盛大的一届盛会。亚奥理事会会员共39个，包括：马尔代夫、马来西亚、民主也门、不丹、日本、中国台北、文莱、巴林、巴基斯坦、巴勒斯坦、卡塔尔、印度、印度尼西亚、尼泊尔、老挝、伊朗、伊拉克、约旦、阿拉伯也门、阿曼、阿富汗、阿拉伯联合酋长国、沙特阿拉伯、孟加拉、科威特、香港（地区）、叙利亚、泰国、菲律宾、朝鲜民主主义人民共和国、斯里兰卡、越南、韩国、缅甸、蒙古、新加坡、黎巴嫩、澳门（地区）、中国，全部参加了本届亚运会，这在亚运会历史上是第一次，是亚洲大家庭欢聚一堂的大团圆盛会。这届亚运会的比赛项目也是最多的，有29项，即：射箭、田径、击剑、射击、自行车、举重、拳击、摔跤、武术、柔道、帆船、皮划艇、赛艇、游泳、跳水、水球、篮球、足球、羽毛球、乒乓球、手球、排球、网球、垒球、藤球、高尔夫球、曲棍球、体操和卡巴迪。其中，藤球、女子足球、女子手球、皮划艇、武术和卡巴迪，都是本届新设的项目，此外，还有棒球和软式网球两个表演项目。全部比赛项目共设金牌308块，表演项目设金牌5块。而参赛的运动员总数也突破了历史纪录，达6 000多人，随队的官员、医生也相应增多。各地来采访的记者总数为4 000多人。还有许多国际体育组织的代表、参观团、旅游团纷纷前来，使这届亚运会盛况空前。

　　为祝贺这次大会的召开，邮电部发行了这套第十一届亚运会第3组纪念邮票及1枚小全张。全套邮票有6幅画面。设计者采用剪纸和撕纸相结合的办法，对人物进行了夸张变形，剪刀剪过的地方有挺拔的轮廓，而用手撕成的不规则处则具有一种颤动的动感，使画面产生了不同于其他绘画技法的艺术效果。

　　图6-1【田径运动】画面为短跑运动员的最后冲刺，它是运用摄影中常用的跟踪拍摄手法在画面上形成的虚幻效果来表现的，强调了此项运动的紧张激烈。

　　图6-2【体操】画面为体操运动员的鞍马动作，它运用了弧形的形状，使人联想托马斯全旋那令人眼花缭乱的旋转，表现了体操运动的节奏和美感。

　　图6-3【武术】画面为武术运动员的腾跃动作，它是运用霞光的照耀和闪烁来

体现这项运动的迅疾与有力，具有鲜明的个性。

图6-4【排球】画面为女排队员的传接球动作，这是奠定成败得失的关键一环，以此来说明这项运动是一项注重整体配合、密切协作的运动项目。

图6-5【游泳】画面为游泳运动员在泳池中前进的动作。

图6-6【射击】画面为射击运动员进行手枪瞄准的动作，在其身上画着数条子弹运行的轨迹，以表现这项运动的果断和迅速。

小全张主图囊括了为第十一届亚运会发行的3套纪念邮票，其具体排列为：把亚运会会徽和吉祥物放在中央，强调了主题；4个比赛场馆放在最下面。使之具有稳定感；6个经过变形的运动员环绕在上部及两侧，表现了运动员的比赛场面。再以浅灰边框，烘托了主图邮票，还在边框上部中央处，置一枚图章式的会徽，使整个小全张不单单是3套邮票的简单排列组合，而成第11届亚运会的一件最具代表性的综合艺术品。

田径运动

第一届世界女子足球锦标赛

发行日期：1991.11.16

（J185）

2-1会徽　　　　20分　　　3 043.7万枚

2-2英姿　　　　50分　　　1 891.7万枚

邮票规格：30 mm × 40 mm

齿孔度数：11.5度

整张枚数：40枚

版　别：影写版

设计者：王虎鸣

印刷厂：北京邮票厂

　　1986年，国际足联向中国方面发出了由中国举办首届世界女子足球锦标赛的正式通知。1988年6月决定首届世界女足锦标赛由我国广东省主办。本届大赛在广东的广州、中山、佛山、江门、番禺等5地6个体育场举行，其中主赛场在广州，来自五大洲12个国家和地区的代表队共200多名运动员前来参加这次盛会。大赛共分3个组，A组有中国、挪威、丹麦、新西兰；B组有日本、巴西、奥地利、美国；C组有中国台北、意大利、德国、尼日利亚，各小组前两名和成绩最好的两个第三名将进入复赛，以淘汰赛方式决出冠军。这届大赛在足球史上第一次有5名女裁判担任巡边员，其中包括上海的左秀娣。大赛的奖杯由国际足联提供，它的主体是由六条扇形铜条组成的支架，上托一个经抛光镀金处理的足球模型，奖杯总重7.25千克。本届赛会的吉祥物是一个名为"灵灵"的画眉鸟，这种鸟是广州市的市鸟。会歌是由马小南作曲、陈小奇填词的《跨越峰巅》。1991年11月16日，大赛开幕式在广州天河体育场举行。661名演员进行了名为《金凤展翅》的大型文艺演出，以中华民族千古相传，象征吉祥如意的"凤"来代表女性，以金凤展翅来表现世界女子足球运动的兴起，体现"团结、友谊、进步"的主题。整场表演气质高雅，壮观华丽，历时40分钟，为大赛揭开了良好的序幕。本届大赛历时半个月于11月30日结束，大赛极大地推动了各国女子足球运动的发展，标志着世界足球史进入了新阶段。

　　为纪念和宣传首届世界女足锦标赛，邮电部发行了这套纪念邮票。在9套参与竞争的设计图稿中，青年设计师王虎鸣的图稿被选中。

邮票解析

　　图2-1【会徽】邮票主图为一枚本届锦标赛的徽志，在金红的底色上，显得格外突出醒目。其图形为象征世界的东西两半球被设计成足球形式，中间是一位运动感很强的女足运动员正在踢球，上面绘有一羊形符志，表明羊年在羊城广州举办本届赛会。其设计者为广州美术公司的何世德先生。

　　图2-2【英姿】邮票主图为一位女足运动员的健美身姿，在全绿底色的映衬下，表现出巾帼英雄的气质。绿色象征着足球比赛的绿茵草地，也寓意着生命的运动，体现出女子足球运动的锦绣前程。

体操运动

发行日期：1974.1.1

6-1　　　　6-2　　　　6-3

6-4　　　　6-5　　　　6-6

(T1)

6-1自由体操	8分	1 000万枚
6-2吊环	8分	1 000万枚
6-3平衡木	8分	1 000万枚
6-4双杠	8分	1 000万枚
6-5高低杠	8分	1 000万枚
6-6鞍马	8分	1 000万枚

邮票规格：30 mm×40 mm

齿孔度数：11.5×11度

整张枚数：50枚

版　别：影写版

设计者：邹建军

印刷厂：北京邮票厂

知识百花园

这套《体操运动》特种邮票，6幅图案均为竞技体操项目。1958年，中国体操队第一次走出国门，参加在莫斯科举办的第十四届世界体操锦标赛。到1973年中国男队已进入世界前6名，女队进入世界前10名。

邮票解析

图6-1【自由体操】自由体操是竞技体操运动中，可由男女运动员分别参加的项目。它由翻腾、倒立、转体、平衡、舞蹈、跳跃等动作组成，自由体操最早始于埃及，作为正式体育项目，是在19世纪初的德国，在由古茨穆斯任会长的斯切普分萨尔教育学会的一次体育表演中确立的。1911年，在第五届世界体操锦标赛上，自由体操开始被列为世界比赛项目。1930年，男子自由体操个人比赛在第九届世界体操锦标赛上首次出现。1952年，在第十五届奥运会上，女子自由体操被列为正式比赛项目。从1958年第十届世界体操锦标赛起，规定女子自由体操用音乐伴奏。邮票画面为女子自由体操的典型动作。

图6-2【吊环】吊环为男子竞技项目。始于法国，是受杂技中悬空绳索表演的启发而创造出来的。1842年，德国的施皮斯制作了第一副现代吊环。开始时动作简单，只是一些摆荡和悬挂、支撑练习，也有用单臂完成的动作，手脚要搭挂在绳索上进行。后来逐渐复杂起来，出现了一些高难动作，如转肩、大回环的摇动及倒立、十字、水平等力量型动作，进而形成了吊环的整套动作，即由摆动动作及用力和静止动作交替组成。表演时要求环不摆荡，除两手握环外，身体其他部分不能触及环和皮带。因支撑点处于活动状态，要保持环的稳定，控制身体的平衡，运动员除技艺外，还需具有较强的力量。从1896年第一届奥运会起，吊环就被列为正式比赛项目。邮票画面上身着白色运动装的男运动员，正在吊环上做倒十字支撑的动作。

图6-3【平衡木】平衡木为女子竞技项目，在世界一些国家中出现的较早。我国春秋战国时期，已有了女子走索平衡。传统武术中的"飞檐走壁"、轻功"草上飞"以及杂技中的"走钢丝"，都是平衡运动的具体表现。公元前300年至公元395年间，古罗马出现了平衡木练习。19世纪初，德国的古茨穆斯把这项运动作为他所倡导的三大体操练习活动之一，丰富了平衡木的动作。1934年，第十届世界体操锦标赛将平衡木列为女子体操比赛项目，并趋于规范化。整套动作在长5米、宽仅10厘米的有限狭窄木面上进行各种跳步、转体、波浪、平衡、造型及滚翻、软翻、手翻、空翻等技巧动作。要求动静结合、高低起伏并能不断变换方向，难度很大。需要运动员有平稳的控制能力及准确性，反应也要机敏灵活。邮票画面上为一女运动员，在平衡木上做腾空跨跳动作的瞬间。

图6-4【双杠】双杠为男子竞技项目。据说是德国体育教育家雅恩始创，他在帮助运动员进行鞍马练习时，又设计制造了双杠作为辅助器械，并进而使其成为竞技体操的独立项目。其动作包括各种支撑、悬垂完成的回环、屈伸、倒立、转体、腾越与空翻以及各种用力动作和静止动作。全套动作以腾空和摆动为主，要求杠上、杠下各种动作穿插交错，对运动员的臂力支撑和平衡摆动要求较高。自第一届奥运会起，便被列为正式比赛项目，到1936年第十一届奥运会，才正式被列为男子技巧项目之一。邮票画面上为一男运动员，正在双杠上做单臂倒立的动作，体现出这个项目力与险的特征。

图6-5【高低杠】高低杠为女子竞技项目。由双杠演变而来，出现于19世纪后

期。主要是为适应女子的生理特点。好在平行双杠上完成一些单纯用力支撑的动作有困难，于是便把双杠进行了改装，变成一高一低，便于女子完成练习。后来这项器械逐渐独立，动作也趋于配套，并把原来底座固定的高低杠，改成现在用钢索牵引并可任意调整确定杠距的新式高低杠。其动作包括各式屈伸、回环、绷杠、弹杠、摆越、换握和空翻等。1952年，第十五届奥运会将此项目列为女子4项技巧竞赛项目之一。邮票画面上为一女运动员，正在高低杠上做大摆绷杠动作。

图6-6【鞍马】鞍马为男子竞技项目。这项运动出现的较早，在公元400年左右的罗马帝国末期，就有人用木马进行军事训练了。在中世纪的欧洲，骑士之风盛行，为显示个人绝技，骑士们争先恐后进行包括上、下马的马术练习。但当时对象是活马，以后才改为与真马外形完全一样的木马，并配有马鞍。18世纪末期的德国体操盛行，他们去掉了对练习毫无用处的木马的头和尾，并蒙上牛皮，进行跳、摆练习。1804年，古茨穆斯把马鞍换成了铁环，这就是现代鞍马的雏形。其动作具有动力性，要求运动员不停地在马的各个部位及纵、横两个方向上，做各种转体、移位、交叉、全旋等动作。由于运动须连贯，支撑面较小，且在运动中要维持重心的稳定，因此其节奏性较强、难度较高。此项目自第一届奥运会便被列入正式比赛项目，亦于1936年的第十一届奥运会上被确定为男子6项竞技项目之一。邮票画面上为一男运动员，正在鞍马上作侧撑双腿全旋动作的情景。

中国古代体育

发行日期：1986. 12. 20

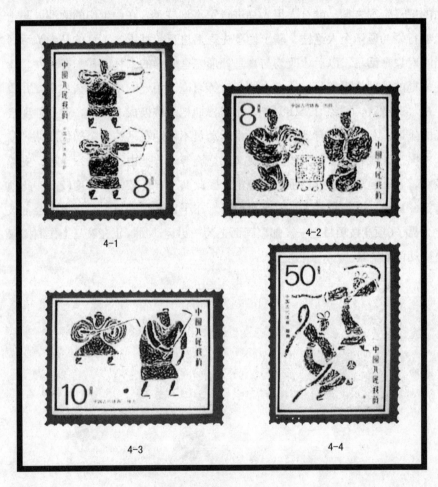

4-1

4-2

4-3

4-4

(T113)

4-1弓箭	8分	744.65万枚
4-2围棋	8分	810.65万枚
4-3捶丸	10分	627.15万枚
4-4蹴鞠	50分	651.15万枚

邮票规格：（1、4图）30 mm×40 mm；（2、3图）40 mm×30 mm
齿孔度数：（1、4图）11.5×11度；（2、3图）11×11.5度
整张枚数：50枚
版　别：影写版
设计者：周京新
印刷厂：北京邮票厂

知识百花园

　　我国体育历史悠久，但"体育"一词，是清朝末年由留日学生带回的。自那时起，人们就把古人的一些强身健体、练兵习武以及某些养生娱乐活动，统称为中国古代体育。如拉弓射箭是练武的手段；蹴鞠是汉唐的练兵项目，到宋朝才成为娱乐；捶丸和围棋既是娱乐，也有布阵练兵的军事意义以及开发智力、健身养生之实际价值等。中国作为世界文明古国之一，早在原始社会末期就有了治病、保健的"大舞"，传说夏朝已有习射学校，商朝出现了比较系统的习武学校，周朝六艺教育中包括射御（射箭、驾车）、田猎和舞蹈、汉代的蹴鞠、导引，西晋南北朝的围棋、角力、唐、宋的马球、水上运动，明朝的武术、冰嬉等。这些体育活动均具有独特的民族风格和时代特征，成为我们中华民族悠久文化的重要组成部分。为了展示我国古代的体育文化，促进全民健身运动，邮电部发行了《中国古代体育》特种邮票。

邮票解析

　　图4-1【弓箭】据考古证明，弓箭远在约2.8万年前的旧石器时代即已产生，成为人们狩猎谋生和防身自卫的工具。在山西峙峪人文化遗址中，就出土了大量的石镞箭头。氏族社会瓦解后，又陆续出现了铜箭头和铁箭头。据应劭

《风俗通义》记载，远古人在生活实践中，看到落在柘树上的乌鸦在起飞时，被反弹起来的树枝打得"哇哇"叫，从中受到了启发而创造了弓，取名"乌号之弓"。当然这个说法有些演义成分，最初的弓是用来发射弹丸的，古代有一首《弹歌》唱道："断竹、续竹；飞土，逐肉。"意思是说：砍下竹干，做成弹弓，发射弹丸，直射禽兽。随着社会的发展，弓箭被称为"男子之事"。古代神话中的羿用弓箭射落了九个给人类带来灾难的太阳，成为古人心目中的英雄。据《礼记·王制》记载，我国奴隶社会就有了射箭教师，当时规定，男子15岁开始学习射箭，成年后每年参加不同等级的比赛。春秋战国时代战事频繁，弓箭得到了更大发展。魏国著名改革家李悝曾经下过一道"习射令"，鼓励人们学习射箭本领。赵武灵王推行"胡服骑射"政策，使国家昌盛。楚国名将养由基能在百步之外射中杨柳叶子，"百步穿杨"成语即由此而来。汉朝的飞将军李广外出打猎，疑石为虎，把箭头深嵌在顽石中，可见其弓弩之神力。南北朝的长成晟箭射得好，一天他骑马打猎，看见空中有两只大雕，一边飞一边争抢一块肉，他纵马拉弓，只一箭便把两只雕一起射下来，被称为"一箭双雕"。唐朝武举应试，箭法优劣是评定成绩的重要标准。唐太宗李世民的箭法相当高明，玄武门之变时，他亲手射杀李建成，巩固了大唐江山。在宋朝的"水泊梁山"中，百步穿杨者比比皆是，著名的神箭手花荣箭响雁落，赢得了"小李广"的美名。而辽、金、元、清几朝，本来就是北方精于骑射的少数民族建立的。清末，随着现代火器的发展，弓箭逐渐失去了其原有的狩猎、防身和军事的价值，但仍然可作为强身健体及娱乐的手段。邮票画面为两位古人拉弓射箭的姿势，弓已张满气已运足，只待目标出现便将发射出去的情景。

图4-2【围棋】围棋为一种静中蕴动的体育项目，在我国历史亦很久远。据西晋张华《博物志》记载："尧造围棋，以教子丹朱。"战国文献《世本》中也说，是尧发明了围棋，用它教儿子丹朱战略。三国时东吴下棋成风，出现了许多有关围棋的著作。南朝的梁武帝不仅自己喜欢下棋，还组织大型比赛，并委派官员给棋手定品位。到了唐宋，围棋的下棋规则、战术、战略与今天已经大致相同。在唐宋两代，不少帝王都喜欢下棋，皇宫里还专门设置了陪他们下棋的"棋待诏"。从出土文物看，棋子自古便是黑白两种颜色，但棋盘的道数却不尽相同，已发现的有11、13、15道等。东汉棋盘为17道，289子。唐朝为19道、361子，和现代一样。锡金、尼泊尔和我国西藏地区，至今仍流行着17道的围棋盘。邮票画面为古人对弈的

情景。

图4-3【捶丸】捶丸即打球，是中国古代球戏之一，高尔夫球的祖先。在唐代，捶丸分为骑打和步打。骑打发展成为现代的马球。步打又分两种，一种是直接对抗性的，演变成现代的草地曲棍球；另一种是间接对抗性的，在宋元两代逐渐发展成为捶丸。宋代的捶丸已相当普及。元世祖至元十九年（1282），有一位宁志老人写了一本《丸经》，书中强调捶丸有益于健康，可以"养其血脉，以畅四肢"。至明代，宫廷及通都大邑仍有捶丸活动在流行。到了清代，捶丸在中国境内急剧衰落，以至于几乎绝迹。邮票画面为古人持曲棍击球的场面。

图4-4【蹴鞠】蹴鞠又名"蹋鞠"或"蹵鞠"等，是我国古代的足球运动。"鞠"是球的意思，而"蹴""蹋""蹵"均为踢之意。据汉朝刘向在《别录》中的记载："蹴鞠者，传言黄帝作"。现根据"少室石阙"上的舞蹈形象，多数说法认为它起源于殷代的足球舞。还有说它起源于古代军士庆祝胜利时，把动物的胃囊用什物充填起来踢着玩。但较详细的记载还是《战国策·齐策》中说的："临淄甚富而实，其民无不吹竽、鼓瑟、击筑、弹琴、斗鸡、走尤、六博、蹴鞠者。"汉代刘邦将蹴鞠引进宫廷，使之得到迅速发展。当时的许多达官显贵都是蹴鞠爱好者，富家都有鞠室设备。汉朝名将霍去病在行军打仗的间隙，还不忘蹴鞠。到了唐代，蹴鞠有了新的发展。一是发明了"气球"，即在内胆充气，唐以前都是实心球，这一发明比英国人早了200多年；二是发明了用熟皮制球壳；三是改进了球门，以前的球门称为"鞠室"，是一种笨拙的土坑，而这时的球门改为两根竖起的竹竿，挂上一张网，和现代足球门相似。同时，产生了两队两门的对抗赛。也有两队一个球门的踢法，其球门像现在的排球网，但上面有个大窟窿，比赛时两队分站在球门两边，用各种有难度的姿势把球踢进洞里。唐代最早流行女子和儿童踢球，他们踢球没有什么对抗性。明末清初诗人李渔写过一首颇为精彩的女子足球诗："蹴鞠当场二月天，香风吹下两婵娟。汗沾粉面花含露，尘拂娥眉柳带烟。翠袖低垂拢玉笥，红裙曳起露金莲。几回踢去娇无语，恨煞长安美少年。"到了宋朝，非常盛行单门蹴鞠，民间还有蹴鞠组织，称为"齐云社"。宋朝的历代皇帝都乐此不疲，《水浒传》中那个高俅，原本是个书童，因球技出色被徽宗宠幸，竟爬到了太尉的位置。到了清代，这种蹴鞠活动逐渐衰弱乃至绝迹，但仍为现代男女足球打下了基础。邮票画面为古人踢球的情景。

第二十五届奥林匹克运动会（J）

发行日期：1992.7.25

4-1 4-2

4-3

4-4

（1992-8）

（1992-8 小型张）

4-1篮球	20分	2 781.7万枚
4-2体操	25分	2 814.2 万枚
4-3跳水	50分	2 766.2万枚
4-4举重	80分	2 766.2万枚
小型张　马拉松	5元	2 088.2万枚

邮票规格：（1、4图）27 mm×40 mm；（2、3图）40 mm×27 mm

小型张规格：91 mm×68 mm，其中邮票尺寸：54 mm×40 mm

齿孔度数：11度

整张枚数：50枚

版　别：影写版

设计者：殷会利

印刷厂：北京邮票厂

知识百花园

第二十五届奥运会于1992年7月25日至8月8日在地中海明珠——

西班牙的巴塞罗那市举行。世界上共有172个体育代表团参加。这届奥运会共进行了25个大项、257个小项的决赛，决出259块金牌（其中体操项目中有两项并列冠军），创19项世界纪录。中国体育代表团共381人，在团长伍绍祖，副团长袁伟民、徐寅生、李富荣的率领下前去参赛。经过激烈争夺和顽强拼搏，共获得金牌16枚、银牌22枚、铜牌16枚。新创两项世界纪录，平一项世界纪录，有5人7次创6项奥运会纪录。金牌、奖牌、总分都名列第4位。巴塞罗那奥运会写下了中华儿女体育史上光辉的一页。

为宣传这届盛会，邮电部发行了这套纪念邮票。

邮票解析

小型张【马拉松】这个运动项目是奥运会最早的正式比赛项目之一。关于其产生还有一段故事。公元前490年，波斯皇帝大流士想吞并希腊，他先派使臣去劝降，遭拒绝后即派大军沿海路远征希腊。雅典成为侵略军的第一个目标。雅典军队派遣勇士菲力比斯星夜赶往斯巴达求救，并做好迎敌准备。菲力比斯很快求得援军，合兵一处，在亚提加半岛东北部的马拉松平原与敌方展开决战。9月13日击溃敌人，大获全胜。为把这一胜利消息迅速告知雅典城的国王和居民，菲力比斯奉命跑回城堡。他不顾饥渴和劳累，一刻不停地跑到终点，只向自己的同胞喊了一声："欢呼吧，我们胜利了！"便倒在地上，闭上了眼睛。为了纪念这位忠诚的爱国志士，人们将"马拉松"列为奥运会的正式比赛项目。1896年第一届奥运会的马拉松路线就是当年菲力比斯跑过的路，全程为42195米，冠军为希腊运动员斯皮里东·鲁伊斯夺得。这个距离一直沿用至今。现在马拉松的世界最好成绩是2小时6分50秒，是由埃塞俄比亚的登西莫创造的。

这枚小型张的画面，描绘的是马拉松长跑的集体场面。图案以铁红色衬底，显示出较强的动感。跑在最前面的运动员，被处理成画面外的剪影，与主画面相映成趣。外框不再单纯起装饰作用，而成为图案的一部分，被赋予了参与和突破的内涵。画面上，运动员在跑弯道时，总是向左拐，这是因为在1913年国际田径联盟成立之初，便把跑的方向统一为"以左手为内侧"即左转圈，并列入了田径规则。这是基于神经生理专家研究后，认为"人是以左脚为轴心脚"的结论做出的。

围棋（T）

发行日期：1993.4.30

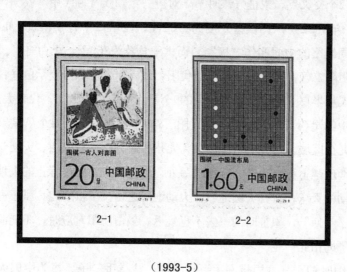

（1993-5）

2-1围棋-古人对弈图　　　20分　　　15 009.75万枚

2-2围棋-中国流布局　　　1.60元　　　5 656.25万枚

邮票规格：30 mm×40 mm

齿孔度数：12度

整张枚数：50枚

版　别：胶版

设计者：钱忠平

印刷厂：河南省邮电印刷厂

　　围棋起源于中国。"琴棋书画"合称"四雅"，是我国悠久文化的一个代表。西晋张华在《博物志》中记载："尧造围棋，以教子丹朱。"围棋的出现距今已有4 000多年了。真可谓棋道虽小，源远根深。

　　古人创造围棋，无论是棋盘还是黑白棋子，均有其独特之意义，蕴含着大千世界的无穷奥秘。棋盘的总交叉点为361，合于一年360周天；棋盘一分为四，象征一年四季；其四角比喻地象的四方；一隅90个交叉点，象征每个季度的天数；棋盘最外一围的72个交叉点，象征气候时节，对应一年72候（古代用"候"代指时令，一候5天，一年分72候）；棋盘长度为1尺2寸，表示12个月；棋盘上的线路叫作"纹"，四周线路的中间叫作"枰"。而棋子总数为360个，黑白各半。黑白象征日月，表示阴阳二气；以黑表阴，以白代阳；黑表示黑夜，白表示白昼；执黑子先走，表示一天从半夜子时开始。棋盘上的9个星点叫作"势眼"，代表太阳系的9个大行星，正中的星叫"天元"，象征太阳。这9个小黑点，以每个"星"为中心，把棋盘划为九个区域，与古人把中国分为九州相应，这种划分法，天文学上称之为"分星"，地理学上称之为"分野"。另外，棋盘为方，象征静止的大地；棋子为圆，象征运动的天穹，符合天圆地方、天动地静之说。下棋规定，棋子一动不许反悔，即"落子不回"，象征时间一去不再复返。黑白阴阳对应时，不能混入它物，"观棋不语"即由此产生。

　　到了民国时期，日本围棋高手可让中国一流棋手三子，成为中国人的耻辱。新中国成立后，围棋事业开始复兴。1952年便成立了以当时中央人民政府副主席李济深为社长的北京棋艺研究社。1956年我国举办了全国性围棋比赛。1962年，中国围棋协会成立，陈毅副总理任第一届协会名誉主席。1963年，陈祖德在中日围棋赛中第一次执黑战胜了日本九段，实现了历史性突破。1976年，聂卫平在访日期间，连胜藤泽秀行、石田芳夫等日本超一流棋手，揭开了中日全面对抗的序幕。从1985年起，由聂卫平挂帅的中国围棋队连续3次在中日围棋擂台赛中战胜日本队，标志着中国围棋水平已基本赶上日本。当今世界棋坛，为中、日、韩三足鼎立之势，国人正期待着有更优秀的围棋国手不断涌现。

图2-1【围棋古人对弈图】取自于中国古代壁画的构图。有人认为，此图中棋盘为横13道，竖19道，于实情不符。但据考证，这种画法并没有错。因为在围棋漫长的发展过程中，棋盘的定制也各有不同。现行的棋盘纵横各19路，但在出土文物中，却发现有不少例外。1977年在内蒙古辽代古墓中出土的棋盘，纵横各13道。1971年发掘湖南湘阴唐墓，棋盘为15道。1952年河北望都汉墓中找到的石制棋盘为17道等。可见，围棋棋盘并非一成不变，但无论怎么变化，迄今为止我们发现的围棋路数却都是奇数。这一现象包含着更多的内容，尚有待去考证。

图2-2【围棋中国流布局】我国古代围棋的开局前四手棋，是双方先在4个角的星位交叉地各自摆好黑白各两枚棋子，然后再开始对弈。这种占领两个对角的布阵叫"对角型布局"，这是历史最为悠久的布局。还有与对角型布局相对的是平行型布局。许多优秀棋手非常擅长这几种布局。然而到了1965年，中国围棋代表团在访问日本的第一场比赛中，以陈祖德为首的5名中国棋手，无论执黑执白都不约而同地使用了一种特殊的布局，打破了以往惯用而熟知的种种布局。日本棋手蓦然惊讶，日本新闻界也以"中国人的新武器"为题，报道了这一异乎寻常的现象。但在当时，这种布局还没有引起人们足够的重视，经过后来不断地研究和探索，人们发现棋手在实战中运用这种布局胜率很高，特别是执黑先行非常有利，易于掌握主动权，因此便很快流行起来。日本棋界对这种布局给予很高评价，也仿效其势，并称赞其为"中国流"布局（又称"桥梁式布局"）。从此，"中国流"风靡寰宇，成为世界棋坛公认的技术术语。"中国流布局"是当代中国围棋艺术走向创新、由弱转强的象征，是中国围棋史上的一座里程碑。

第一届东亚运动会（J）

发行日期：1993.5.9

（1993—6）

2-1运动员　　　50分　　　7 341万枚

2-2吉祥物　　　50分　　　7 341万枚

邮票规格：30 mm × 40 mm

齿孔度数：12度

整张枚数：50枚（2种横式联印）

版　别：胶版

设计者：李玮、李斌

印刷厂：上海印钞厂

1991年11月在我国北京举行的东亚地区奥委会协调委员会第二次会议决定，自1993年起，每两年举办一次东亚运动会。首届东亚运动会于1993年5月9日至18日在中国上海举行。前来参加的有东亚地区的中国、日本、朝鲜、韩国、蒙古、香港、澳门、中国台北等8个国家和地区。另外，关岛作为特邀代表团也参加本届赛事。

这届运动会共设12个比赛项目，包括足球、篮球、羽毛球、田径、游泳、举重、柔道、赛艇等，分别在上海的14个体育场馆竞技。本届运动会为我国的竞技体育提供了一个切磋技艺、锻炼队伍、提高水平的良机。东亚劲旅之间的竞争，不仅能推动东亚体育整体水平的提高，也促进了我国体育事业的发展。首届东亚运动会的会徽由英文"East Asia"（东亚）的第一个字母"E"和阿拉伯数字"1"构成，并呈汉字"申"状，表示第一届东亚运动会在上海举行。红色的"E"表示热烈，既像燃烧中的火炬，又似运动中的人体，使人产生遐想。会徽融体育与艺术于一体，蕴含着中国书法的墨韵。吉祥物为颈挂金牌，身着运动服，手持上海市花"白玉兰"名为"东东"的金鸡，表示东亚运动会在中国农历癸酉年于东海之滨的上海市举行，象征东方欲白、金鸡报晓。

纪念邮票全套两枚，采用直式横连票构图，居中的背景为上海体育馆。邮票采用了多种印钞特种接纹工艺，这种工艺可同步印出一根线条上的三种不同颜色，各种颜色衔接的精确程度是一般多色胶印机所无法企及的。这是我国第一套采用印钞特种工艺印制的邮票，具有更强的防伪性能和收藏价值。

图2-1【运动员】 在体育馆的左侧，是用抽象化的轮廓线条勾勒的8个赛跑运动员的冲刺身姿。以黄色为基调，则表明参赛的有8个国家和地区的运动员。冲刺的姿态、飘逸的秀发及移位重叠的构图，均在于表现一种生机勃勃的体育竞技精神。

图2-2【吉祥物】 在体育馆的右侧，与运动员形象对称的是运动会的吉祥物小鸡"东东"。它笑容可掬、形象活泼，手持上海市市花白玉兰飞奔而来，与运动员相汇拢。这一构图在于体现上海人民盼望东亚运动会，准备迎接各个国家和地区友好使者的热烈情怀。

中华人民共和国第七届运动会（J）

发行日期：1993.9.4

1-1

（1993-12）

1-1中华人民共和国第七届运动会　　　20分　　　11 603.7万枚

邮票规格：30 mm×40 mm

齿孔度数：11.5度

整张枚数：40枚

版　别：影写版

设计者：张安朴

印刷厂：北京邮票厂

第七届全运会于1993年9月4日至15日在北京举行。本届运动会的比赛项目由北京市主办26项（正式比赛在9月2日至14日），四川省协办15项（比赛时间大部分在8月10日至24日），另外，河北省秦皇岛市承办2项（帆船、帆板，8月24日至9月2日）。这届全运会是我国自1959年举办首届全国运动会以来，规模最大、水平最高的一届，共有45个代表团参加了43个项目的比赛。有4人4次创4项世界纪录，18人4队43次超21项世界纪录，4人4次平3项世界纪录，54人1队93次创34项亚洲纪录，61人3队143次超66项亚洲纪录，130人14队273次创117项全国纪录。比赛设金牌374枚，辽宁省代表队获金牌64枚、银牌51.5枚、铜牌48枚，金牌、奖牌总数均列第一位。这届全运会的会徽整体造型为一支火炬，火炬由罗马数字"Ⅶ（7）"组成，炬柄呈跑道状，表示体育运动。吉祥物是只"金鸡"，金鸡报晓预示着我国体育事业的兴旺发达。

邮票画面为一幅体育宣传招贴画，一位手持圣火（即七运会标志）的运动员英姿勃勃地从天际跑来，他的身后是一条七色的彩虹，这条彩虹既是跑道，又构成"7"字，表示本届全运会的届数。右下角为天坛图案，表明了运动会的举办地点。票面色彩艳丽、构图简括。

国际奥林匹克委员会成立一百周年（J）

发行日期：1994.6.23

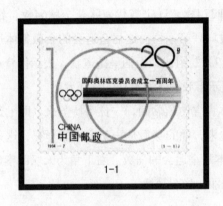

（1994-7）

1-1国际奥林匹克委员会成立一百周年　　20分　15 606.75万枚

邮票规格：40 mm×30 mm

齿孔度数：12度

整张枚数：50枚

版　别：胶版

设计者：王雪青

印刷厂：河南省邮电印刷厂

　　国际奥林匹克委员会管辖奥林匹克运动，领导组织奥运会比赛是其一项重要的工作。奥委会成立100周年以来共举行了25届奥运会。首届雅典奥运会有13个国家311名运动员参加，而距成立百年最近的巴塞罗那奥运会已有150多个国家的一万多名运动员参加比赛。奥运会的蓬勃发展震撼全球。在这近百年的奥运会征战历史中，总共有数十万运动员参加了多个项目的金牌争夺战。

　　奥林匹克邮票与现代奥运会同日诞生，从1896年第一届现代奥运会发行纪念邮票开始到1992年第二十五届奥运会止，世界上已有100多个国家发行了数千种上亿枚奥林匹克邮票，其表现的内容极为广博，如现代奥运会的创始人皮埃尔·德·顾拜旦的形象；历届奥委会主席的肖像；五环标志；各届奥运会的吉祥物、会徽；奥运奖牌；火炬传递场面；开幕式盛况；授奖仪式；各项比赛场面及运动员风采；裁判员的严肃执法；奥运会的所有竞赛项目；通信仪器；比赛场馆等。奥林匹克的一切都融于方寸之中，一枚枚历史的小画卷将奥林匹克的内容表现得淋漓尽致。我国为国际奥委会成立100周年发行的这枚邮票，底衬为"100"字样，中部为国际奥委会的五环标志及延伸出的五彩色带，100中的两个"0"互相交合，又与五环标志形成某种联系。这是我国第一套采用电脑设计的邮票，画面单纯、大方、主题鲜明。

奥运五环

第六届远东及南太平洋地区残疾人运动会（J）

发行日期：1994.9.4

（1994-11）

1-1第六届远东及南太平洋地区残疾人运动会　　20分　　10 011.7万枚

邮票规格：30 mm×40 mm

齿孔度数：12度

整张枚数：50枚

版　别：胶版

设计者：李庆发、姜伟杰

印刷厂：北京邮票厂

　　早在第一次世界大战期间，伤残士兵为了战胜褥疮和尿道感染，就采用体育活动增强体力。后来人们逐渐认识到体育对残疾人具有康复作用。1948年，英国斯托克　曼德维尔国立脊髓损伤研究中心的古特曼博士倡议在其院内举行残疾人轮椅赛，并且以后每年举行一次。1960年在罗马举行了第一届世界伤残人运动会。1976年国际伤残人联合会把这两个比赛合并成国际伤残人奥运会，并决定每4年举行一次。从1984年开始，国际奥委会将它列入奥运会永久项目，并于当年在奥运会主办国举办了伤残人奥运会。

　　远东及南太平洋地区残疾人运动会简称"远南"运动会，是仅次于残疾人奥运会的国际综合性残疾人运动会。主办单位是远东及南太平洋地区残疾人运动会联合会，该联合会成立于1975年，立足于残疾人的康复锻炼，总部设在日本大分县，香港的方心让博士担任主席，秘书长由日本的平川奈津子担任。"远南"地区包括巴基斯坦以东、国际日期变更线以西的亚洲地区、大洋洲地区和太平洋区域内的一些岛国。现正式会员国与地区有38个。"远南"运动会约4年在各成员国（地区）轮流举办一届，会期一般为10天，主要参加者是腰背损伤者、截肢者、盲人和脑瘫患者。自1975年成立以来已举办过5届。我国残疾人运动员曾参加了第三、四、五届。在第三、四届参加了田径、游泳、乒乓球3项比赛，第五届又参加了射击比赛。共获金牌199枚、银牌99枚、铜牌45枚，破25项世界纪录。尤其是在第五届"远南"运动会上，中国残疾人体育代表团以金牌99枚的优异成绩，夺得了金牌总数第一的桂冠。

　　根据"远南"联合会执委会的动议，并经我国政府同意，第六届"远南"运动会于1994年9月4日至10日在北京举行。43个国家和地区的2 000多名残疾人运动员、官员及近千名中外记者参加本届赛会。这是首次在一个国家首都举办的"远南"运动会，也是我国首次承办的国际性残疾人运动会。这届运动会设14个大项700多个小项，分别在国家奥林匹克体育中心和北京体育师范学院两个赛区进行比赛。运动会的吉祥物是一只名为"强强"的北京小白鸽。会徽则是以奥运五环的颜色组成的滚动的圆环，象征世界残疾人运动会在奥林匹克精神的指引下不断前进。

　　为祝贺这次运动会的召开，邮电部发行了这套纪念邮票。画面主图即为这枚会徽，并用渐变的灰底色作为衬托，又在会徽的上、下点缀着文字，使画面简洁、明朗、和谐。

第43届世界乒乓球锦标赛（J）

发行日期：邮票1995.5.1；小全张：1995.8.14

（1995-7）

（1995-7 小全张）

2-1运动员	20分	5 001.75万枚
2-2场馆	50分	2 596.75万枚
小全张	70分	511.36万枚

邮票规格：40 mm×30 mm

小全张规格：140 mm×90 mm，其中邮票规格：40 mm×30 mm

齿孔度数：12度

整张枚数：50枚

版　别：胶版

设计者：孟祥斌、刘静宜

印刷厂：辽宁省沈阳邮电印刷厂

知识百花园

　　世界瞩目的第四十三届世界乒乓球锦标赛于1995年5月1日至14日在我国天津市举行。这是继1961年在北京举行第二十六届世乒赛以后，第二次在我国举行世乒赛。本届大赛共有109个国家和地区的运动员参加，是世乒赛有史以来规模最大、盛况空前的一次比赛。有600多名中外记者到会采访，开幕式和闭幕式上均有7 000多名演员参加大型的文体表演。我国有27名运动员参加7个项目的角逐，其中男运动员12人：王涛、马文革、刘国梁、孔令辉、王浩、丁松、王永刚、林志刚、吕林、张雷、熊柯等，女运动员15人：邓亚萍、乔红、刘伟、乔云萍、王晨、杨影、李菊、张凌、王楠、朱芳、邬娜、陈子荷、王辉、龚跃春、何琳。

　　比赛在天津体育中心举行。该馆是一座圆形建筑，整体呈飞碟状，高35米，跨度108米，内设200米室内田径跑道6条，能容纳上万人的体育馆。此馆为本届大赛的决赛场地，可摆放8张乒乓球台。馆内配有完美的灯光照明、音响通信设备和大型电子彩色显示屏幕。

　　纪念邮票中的图案呈乒乓球拍形，并配有本届大会的会徽。为了体现本届赛事组织与比赛的高水平，第四十三届世乒赛组委会出巨资与邮票设计者和天津创远电脑发展公司合作，运用计算机三维动画技术，将原设计的手绘水粉草稿渲染成空间立体结构的静态图像，并采取色彩分离的方法，将原稿的色彩抽象成几个对比较强的层次，使画面更加清晰明快，给人以强烈的视觉冲击，从而使邮票画面主体更为突出，富于装饰性。这是新中国成立以来，继《奥委会成立100周年》之后，又一次借助电脑辅助设计的纪念邮票。

邮票解析

图2-1【运动员】邮票画面为一只大的乒乓球拍，上面画有经纬线，仿佛地球一样，寓意世界各地。一位男运动员横握球拍作发球姿势，这是乒乓球运动的代表性动作。

图2-2【场馆】邮票画面在一只大球拍内，图案为比赛场馆平视图，馆前各国国旗迎风飘扬。

小全张【第43届世界乒乓球锦标赛】在这届大赛上，我国运动员经过顽强拼搏，继1981年第三十六届世乒赛之后，又一次囊括了全部7项比赛的世界冠军，为祖国争得了殊荣。为此，邮电部于8月14日，加发一枚第43届世乒赛邮票小全张，以示庆贺和纪念。小全张边饰为7座世乒赛的奖杯。

乒乓球和球拍

第三届亚洲冬季运动会（J）

发行日期：1996. 2. 4

4-1   4-2

4-3   4-4

（1996-2）

4-1速度滑冰   50分   2 202.75万枚

4-2冰球   50分   2 202.75万枚

4-3花样滑冰   50分   2 202.75万枚

4-4高山滑雪   50分   2 202.75万枚

邮票规格：40 mm×30 mm

齿孔度数：12度

认识邮票中的体育竞技

整张枚数：16枚（4种田字式联印）

版　　别：胶版

设计者：曹戈

印刷厂：辽宁省沈阳邮电印刷厂

知识百花园

亚洲冬季运动会是在冬季举办的亚洲最大规模的综合性运动会，它是由中国、日本等国发起的，旨在加强亚洲各国之间的团结、交流、友谊与合作，提高亚洲各国的冬季冰雪运动水平，使其赶上和超越世界先进水平。

首届亚冬会于1986年3月1日至8日在日本札幌市举行。第二届亚冬会原定在印度举行，后印度因故放弃了主办权，使其于1990年3月9日至14日，继续在日本札幌举行。第三届亚冬会原定于1995年3月在朝鲜民主主义人民共和国的西江道三渊池举办。但到了1992年9月，朝鲜突然宣布因环境问题放弃主办权。1993年12月2日，第十二届亚奥理事会做出决定，本届亚冬会改由中国主办。

第三届亚洲冬运会于1996年2月4日在我国黑龙江省哈尔滨市冰球馆隆重开幕，中亚5国的参赛，使这届亚冬会的规模和水平都超过了前两届。本届赛事共设置速度滑冰、短道速滑、花样滑冰、冰球、高山滑雪、越野滑雪、自由式滑雪、跳台滑雪、冬季两项等9个大项、46个小项的比赛，其中冰上项目在哈尔滨市举行，滑雪项目在哈尔滨东南195千米的亚布力滑雪场举行。这届亚冬会的会徽是由汉字"三"和亚奥理事会会徽中的太阳，共同构成奋力向前的滑雪运动员的造型，意为"第三届亚洲冬季运动会"。吉祥物则为拟人化的大豆，取名"豆豆"，它活泼俏皮，伸出右手做出"V"的样子，对亚洲冰雪健儿的到来表示热烈欢迎，并衷心祝愿本届亚冬会圆满成功。

早在1990年7月朝鲜就曾发行过祝贺第三届亚冬会召开的纪念邮票。在那枚邮票上展示了亚奥理事会的会徽、冰雪运动员和朝鲜艺术家李永锡先生设计的运动会会徽，会徽图案为三个圆圈和一株覆盖着白雪的枞树，内有1995字样，代表冬天的朝鲜三渊池，表明了亚运会友谊、团结与和平的宗旨。在朝鲜宣布放弃主办权后这枚邮票即被停售。在第三届亚冬会在我国开幕之际，邮电部发行了这套纪念邮票。邮票采用了四方连形式，以纯白色为整套邮票的衬底基调，代表着北方那无垠的、白茫茫的冰雪。整个四方连上有一个似地球状的椭圆形，既规定了白色的面积，又表示了世界性赛会的含义。椭圆外围有3条渐变的蓝色色环围绕，代表冰雪赛场的跑道，突出了冰雪运动所需要的条件。四方连正中为一枚本届亚冬会的会徽，强化了冰雪运动的概念，突出了赛会的主题。4个冰雪运动人物围绕着会徽，并被齿孔分割在4枚邮票上，项目的内容分别为速滑、冰球、花样滑冰、高山滑雪，人物按四周跑道的走向确定相应位置，使之与项目本身的特点更为贴切。人物的色彩表现了从蓝色到红色，从红色到黄色的渲染效果，把参赛运动员不畏严寒、奋力拼搏、运用体能挑战极限的体育精神充分表现出来。在跑道的外围配以与4个项目相对应的吉祥物"豆豆"的形象，底色运用了橘黄色到黄色的渐变，烘托出本届亚冬会的热烈气氛，整个画面表达了本届亚冬会"团结、友谊、发展、进步"的主题。

邮票解析

图4-1【速度滑冰】邮票画面为一位速滑运动员的剪影，他来去倏忽，风驰电掣，表现了速度滑冰的快捷。

图4-2【冰球】邮票画面为一位冰球运动员的剪影，他左奔右突、横冲直撞，表现了冰球比赛之激烈。冰球运动起源于加拿大，1855年在加拿大金斯顿流行一种冰上游戏，人们足绑冰刀，手持曲棍，在封冻的湖面上追逐打击用木片制成的冰球。当时参赛者和场地均无限制，只立两根木杆为门，这便是现代冰球的前身。1908年，国际冰球联合会在法国巴黎创立。

1955年起我国每年都举行全国性的冰球比赛。1957年开始实行分组比赛，分成年组和少年组。1958年，成年组又分甲、乙级分别举行。1956年，我国冰球队开始参加国际比赛。现在冰球一般用硬橡胶制成，厚2.54厘米，直径7.62厘米，重156至170克。比赛时每队6人：三名前锋、两名后卫以及一名守门员。用冰杆将球击入对方球门得分，得分多者为胜。冰球运动员穿着冰鞋在冰上进行，因此又称之为"冰上曲棍球。"

图4-3【花样滑冰】邮票画面为一位花样滑冰运动员的剪影。

图4-4【高山滑雪】邮票画面为一位高山滑雪运动员的剪影。

奥运百年暨第二十六届奥运会（J）

发行日期：1996.6.23

（1996-13）

1-1奥运百年暨第二十六届奥运会　　　20分　　　3 675.35万枚

邮票规格：27 mm×40 mm

齿孔度数：12度

全张枚数：28枚

版　别：胶版

设计者：任宇、黄里

印刷厂：河南省邮电印刷厂

为纪念奥运百年及第二十六届奥运会，我国邮电部发行了这枚以《掷铁饼者》为主题的邮票，它是古希腊雕塑家米隆的作品。米隆是公元前5世纪古希腊的艺术大师，其作品善于表现人体及其运动。他的代表作《掷铁饼者》，把人体理解成鲜活的机体，表现了复杂的动作和准确的结构，解决了人体重心落在一足上的动态问题，创造出古希腊人理想化的标准造型。这件作品描绘了运动员的强健体魄，展示了他们夺取胜利的信念，从而成为优秀运动员的一座"纪念碑"。雕像选取了掷铁饼技术过程中预摆技术这一瞬间的动作，将其固定下来，但却仍能巧妙地给人以掷铁饼并未结束、动作还在进行中的感觉，其连贯的节奏给人以无穷的回味。在这优美和谐的姿势中，运动员的健美和青春活力被表现得淋漓尽致。在邮票画面上，雕像被摆放在一个圆形基座上，"100"字样以雕像为中心，构成上宽下窄的半环形状置于雕像的脚后，并以亚特兰大城市建筑作为远景。画面右上方有彩色的奥运五环的标志。金色的雕像和淡橘黄色的天空形成了统一的金黄色调，意在表现古希腊奥林匹克精神永放光辉。

比赛场内的奥运五环

中华人民共和国第八届
运动会（J）

发行日期：1997.10.12

（1997-15 小全张）

（1997-15）

2-1 会徽·运动员　　　　50分　　　3 201.75万枚
2-2 吉祥物·体育场　　　150分　　　2 571.75万枚
小全张 中华人民共和国第八届运动会　　200分　　2 165.56万枚

邮票规格：40 mm×30 mm
小全张规格：140 mm×90 mm；其中邮票规格：40 mm×30 mm
齿孔度数：12度
整张枚数：50枚
版　别：胶版
设计者：郭振山、张立
印刷厂：河南省邮电印刷厂

知识百花园

　　第八届全运会于1997年10月12日至24日在上海市举行。与会代表团达46个，参赛运动员7 647名，连同教练员、工作人员总人数超过15 000人。代表团中的香港特别行政区和新建直辖市重庆是首次单独组团参加全运会。澳门、台湾同胞和海外侨胞也云集上海，而萨马兰奇等一大批国际体育组织的领导人、官员以及上海友好城市的外宾也应邀出席。2 000余名中外记者参与了八运会的报道。香港作为中国的一个特别行政区参加八运会，引起了世人的特别关注。7

月17日，香港特别行政区组建参加第八届全国运动会筹备委员会，行政长官董建华亲自担任代表团名誉团长，团长为筹委会主席霍震霆。8月15日，第八届全国运动会香港特别行政区代表团正式宣告成立，代表团总人数257人，其中运动员163人，将参加射击、羽毛球、足球等21个项目的角逐。

本届全运会共设28个比赛项目、319个小项、332枚金牌。包括足球、篮球、排球（含沙滩排球）、乒乓球、羽毛球、网球、手球、曲棍球、棒垒球、田径、游泳（跳水、水球、花样游泳）、体操（艺术体操）、举重（含女子）、射击、射箭、击剑、柔道、国际式摔跤、拳击、自行车、赛艇、皮划艇、帆船帆板、现代五项、马术、速度滑冰、短道速度滑冰、武术等项目，其中除武术外，均为奥运会项目。在这些项目中，田径的马拉松和速度滑冰、短道速度滑冰分别在北京市和黑龙江省举行，其他项目都安排在上海市的41个场馆进行（不包括在水域、公路、山地举行的比赛场所）。在八运会正式开幕之前，速度滑冰、短道速度滑冰、帆船帆板、女子排球、柔道、男子和女子沙滩排球等项目的决赛已经结束。在全运会期间，还举行了第四届体育美术展览、中国体育摄影展览、中国体育邮票展览以及中国体育用品博览会等一系列文化和经贸活动，为盛大而隆重的八运会增辉添色。

经过比赛，有16人19次超7项奥运项目世界纪录，163人640次超34项非奥运项目世界纪录，100人3队367次超552项奥运项目亚洲纪录，4人4次平3项非奥运项目亚洲纪录，88人6队142次创662项全国纪录。有32个代表团获得金牌，37个代表团获得奖牌，上海、辽宁、山东位居金牌榜前三名，上海、辽宁、广东获得总分前三名。

邮票解析

图2-1【会徽·运动员】邮票画面以球类等体育项目的剪影为背景，描绘了一位铁饼运动员的形象。

邮票画面的左下角为一枚本届全运会的会徽。其上半部由红色的"8"和白色的"s"组合而成，象征八运会在上海市举行，图形在视觉上如一把燃烧着的火炬，又似一朵上海市花白玉兰的花蕾。下半部分由一个空心和一个实心椭圆形组成，好像八运会的主会场，即可容纳八万人的上海体育场，寓意着本届运动会是全国各族人民大团圆的体育盛会。

图2-2【吉祥物·体育场】八运会所需训练比赛场馆82个，而上海只有44个。为此，早在1994年，上海市政府就着手进行基本建设，共投巨资达56亿元，新建和改建了38个体育场馆，总建筑面积达70多万平方米。这些场馆中有综合性的体育馆、体育场、训练中心、游泳馆、网球中心、射击场、棒垒球场、赛马场、曲棍球场等，确保了各路体育健儿争创一流佳绩所需的硬件设施。这是上海开埠以来投资最多、数量最大、设计和建设水平都较高的一次建设，在我国城市建设史上是罕见的。邮票画面以浩瀚蓝天为背景，描绘了可容纳8万人的上海体育场的外观。

邮票画面的右下角为一个本届全运会的吉祥物。它采用了牛年画牛的创作设计思路，运用卡通牛的绘画技法，寓意了"初生牛犊不怕虎"的精神，并表明八运会是在农历丁丑年举行的。身穿印有本届运动会会徽运动服的小牛，以欢快地跳跃动作和喜气洋洋的笑脸，象征着体育健儿们勃勃的生机和顽强的拼搏精神。

小全张【中华人民共和国第八届运动会】画面以桃红为主色调，给人以欢庆、热烈、隆重、祥和及温暖的感觉；而上面各项体育运动的剪影，则意味着我国体育事业的朝气蓬勃。邮票画面简洁、布局匀称。但美中不足的是，剪影中最右边的那位女运动员造型有失准确，缺少美感。

第二十七届奥林匹克运动会
（小型张）（J）

发行日期：2000.9.15

1-1

（2000-17M）

2000-17M 第二十七届奥林匹克运动会　　　　　8元　　1 834.00万枚

2000-17小型张 第二十七届奥林匹克运动会　　　售价24元　　98.05万枚

小型张规格：122 mm×82 mm

小型张规格：170 mm×222 mm

邮票规格：90 mm×60 mm

齿孔度数：12度

版　别：影写版

设计者：陈幼林

印刷厂：北京邮票厂

（2000-17 小型张）

知识百花园

　　第二十七届奥林匹克运动会于2000年9月15日至10月1日在南半球澳大利亚的悉尼举行。本届奥运会设28个大项、300个小项，共有199个国家和地区的代表团参加，是奥运史上规模最大、参赛人数最多的一次体育盛会。中国代表团有488人参加，其中参赛运动员为311人。

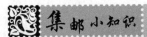

编年邮票的投资价值

　　1997年8月17日如期发行的编年邮票《寿山石雕》，承接了《青田石雕》票的风格，但设计、印刷质量比《青田石雕》要高出一筹，加上其小型张是中国第一种正方形小型张，一露面就被看好。尽管编年邮票一度被人们忽视，但已是当前邮市的主力军。1992到1997年的编年邮票在发行上有如下特点：

　　增套减量。从1993年起，新邮年年增加套数，从1993年的17套到1996年的31套，短短几年，套数几乎翻番。而新邮的平均发行量则一直呈大幅度的递减状态，从1993年的7431万枚，一直减到1996年的2835万枚，短短几年平均印量减幅达到近2／3。

　　小型张价格涨幅大。小型张中如《竹子》《武陵源》《长江三峡》等由于发行量较大，曾一度低于面值。但多数涨至较高价位。如《敦煌壁画》（六）、《上海浦东》等由于其题材好，印刷精致，涨幅还在一些JT小型张之上。特别是1996年邮电部销毁1992～1994年的邮票（包括小型张）后，原先跌进面值的小型张全部上浮。

　　选题内容丰富、意义重大。《香港回归》《上海浦东》《长江三峡》等举世瞩目，《三国演义》、《水浒传》（图17）、《黄宾虹作品选》、《潘天寿作品选》等精美绝伦，特别是地方选题可谓精彩纷呈。收集的人多，这是一个更为重要的特点。老纪特、文编票、JT票等，虽然异彩纷呈，但相比之下，由于它们发行年代比较早，价格相对比较高，收集的人数也比较少。而近年发展起来的一大批新集邮者，主要收集编年票，编年票的价位相对比较低，它们的前景是相当广阔的。

第二十一届世界大学生
运动会（J）

3-1   3-2   3-3

（2001-15）

3-1重在参与	60分	2 500万枚
3-2锻炼身体　勇攀高峰	80分	2 500万枚
3-3扩大交往	2.80元	1 700万枚

邮票规格：40 mm×30 mm

齿孔度数：12度

整张枚数：20枚

版　　别：胶版

设计者：时向东

印刷厂：辽宁省沈阳邮电印刷厂

认识邮票中的体育竞技

119

知识百花园

第二十一届世界大学生运动会于2001年8月22日至9月1日在北京举行，这是新世纪伊始国际体坛的第一个重大赛事，也是我国首次承办的世界性综合体育盛会。本届大运会竞赛设置12个大项，168个子项。有来自世界五大洲的160多个国家和地区的7000多名大学生体育健儿参加，是有史以来规模最大、参与人数最多、水平最高的一届大运会。本届大运会充分展现了新世纪大学生充满自信、勇于挑战的青春活力和友谊、和平、奋发的风采。

集邮小知识

小型张的投资价值

在邮市上，最让圈外人吃惊的也许就是小型张的市价了。几十、几百元一枚早就不在话下，成千上万元身价一枚的也已见多不怪。看看面值，常有人发出"要是当年买入一些，现在该是如何如何"的感慨。应该承认，近年来集邮队伍的大扩张是直接促成小型张价位的不断攀升的原因。因此，只要集邮队伍不断增长，不论何种类型的小型张，其升值潜力都是十分诱人的。那么眼下投资小型张，该从何着手呢?以下几点意见可供参考：

1．选择发行量小的。从历年价格走势表中可看出，小型张的量与价总体上呈负相关，即量小价高，量大价低。《全国科学大会》《从小爱科学》和"中美小版张"等，都是如此。身价最高的《梅兰芳舞台艺术》仅区区2万枚的发行量，而发行创4330万枚天量的《竹子》就只有垫底的份了。

2．选择题材好的。《红楼梦》《西厢记》《簪花仕女图》，不是古典名著，就是古代名画，喜爱者众多，设计成邮票，自然受人青睐。

3．选择设计精美的。《荷花》《奔马》《山茶花》《工艺美术》《公路拱桥》等，除了它们的发行量较少外，设计精美也是原因之一。《敦煌壁画》（六）的发行量大了《避暑山庄》《铜马车》和《白鹤》等，但量大的价位超过较小的，除有一定的炒作因素，设计精美也是重要原因。

4．选择系列票中领头的。按照集邮的规律，在系列邮票中，集邮者有了后边的几种，则一定要配齐领头的。如《三国演义》（一）、《水浒传》（一）、《敦煌壁画》（一）等。因此，投资领头票，通常可以有较稳妥的回报率。

5．选择未经炒作的。在众多小型张中，有些是未经邮商炒作的，有些虽经炒作，但上调幅度不大的，都可作为投资者的优选品种。当然，在选择时也要适当考虑这些品种的发行量，对量过大的宜慎重。

中华人民共和国第九届
运动会（J）

发行日期：2001.11.11

（2001-24）

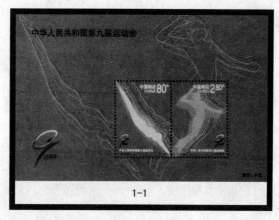

（2001-24 小全张）

2-1 入水	80分	1 700万枚
2-2 扣球	2.80元	1 700万枚

小全张　中华人民共和国第九届运动会　　　　360分　　1 500万枚

邮票规格：30 mm × 40 mm

小全张规格：140 mm × 90 mm

齿孔度数：12度

整张枚数：20枚

版　别：胶版

设计者：冼敏贤、于旭东

印刷厂：北京邮票厂；（小全张）河南省邮电印刷厂

知识百花园

　　九运会是我国全运会史上规模最大的一届。本届九运会的开幕式于11月11日在广东奥林匹克体育场举行。该体育场位于广州市天河区东圃镇广夹攻东奥林匹克中心南部，占地30万平方米，可容纳观众80012人。闭幕式在广州新体育馆举行，该馆位于广州白云大道边，由主场馆、练习馆和大众活动中心馆三个部分组成。

集邮小知识

图幅与票幅

　　邮票图幅是指邮票图案面积的大小，多用于测量带有边框的邮票的尺寸。图幅是研究邮票版别的依据之一。有时一种邮票有两版，就由图幅大小不同来区别。邮票票幅是指邮票面积的大小，多用于测量没有边框的邮票，表示法和图幅相同。可从左右及上下两侧齿尖处量起。

　　过去在各种邮票目录里，多以图幅尺寸表示邮票的面积。近年来由于邮票图案设计突破固定框线，图幅与邮票多接近一致，因而采用票幅表示邮票面积。在一些图案没有边框的邮票里，图幅和票幅可以一致，或仅一个边一致。

北京申办2008年奥运会
成功纪念

发行日期：2001.7.14

1-1

（特2-2001）

1-1北京申办2008年奥运会成功纪念　　　　80分　　2 880万枚

邮票规格：40 mm×30 mm，附票规格：20 mm×30 mm

齿孔度数：13度

整张枚数：12枚

版　　别：影写版

设计者：王虎鸣

印刷厂：北京邮票厂

全套一枚，采用特殊的发行编号"特2"。这套邮票的设计新颖独特，采用了主票和附票相连的形式。主要图案为妇孺皆知的北京申奥标志，附票图案为雍容华贵的牡丹花。体现了"新北京、新奥运"的完美结合，为北京申奥成功的喜庆场面增添了一道闪亮的光彩。此套邮票充分表达了全中国人民的喜悦心情。

集邮小知识

邮票齿孔诞生轶事

　　为了便于撕开邮票，在整版邮票的各枚邮票之间用打孔机打出空洞，邮票撕开后，邮票凸出的部分称为"齿"，凹进的部分称为"孔"，合称齿孔（Perforation）。世界上首枚邮票——黑便士是没有齿孔的，称为"无齿票（Imperforated）"，出售时必须使用剪子剪开，很不方便。直到1854年1月28日英国发行《红便士》邮票时，才首次出现打齿孔的邮票。

　　据说在邮票上打齿孔的想法是受一名记者的启发。当时这名记者在一家邮局寄发稿件，找不到剪刀，他灵机一动，用一枚大头针在邮票周围扎上小洞从而方便地把邮票撕开。这件事启发了一名爱尔兰的铁路职员亨利·亚策尔（Henry Archer）。经英国邮票、税票总监同意后，他从1847年开始试制打孔机，经过7年的努力获得成功。可以说，给邮票打上齿孔，是邮票发展史上的又一次变革。测量齿孔是研究邮票的一项重要内容。齿孔差异是鉴别邮票真伪、区分邮票版别和印次、考证邮票发行年代的重要依据。

2002年世界杯足球赛（J）

发行日期：2002.5.16

（2002-11）

| 2-1新的起点 | 80分 | 1 600万枚 |
| 2-2团结拼搏 | 2元 | 1 600万枚 |

邮票规格：半径15 mm

齿孔度数：12.5度

整张枚数：16枚

版　　别：影写版

设计者：郭振山

印刷厂：北京邮票厂

认识邮票中的体育竞技

2002年世界杯足球赛于5月31日至6月30日在韩国和日本举行，其中开幕式在韩国汉城举行，闭幕式在日本横滨举行。2001年，中国足球队在世界杯足球赛亚洲区预赛中，以6战5胜1平积16分，首次获得世界杯决赛资格。经过44年的努力，中国足球终于圆了进入世界杯决赛圈之梦，实现了"冲出亚洲、走向世界"的愿望，开创了中国足球历史的新篇章。为纪念中国足球队参加2002年韩日世界杯足球赛决赛，国家邮政局特于中国足球队出征之前，发行该套纪念邮票。两枚邮票分别为"新的起点"和"团结拼搏"。这套新颖独特的邮票呈圆形，有两层齿孔，内圆外方。中国香港邮政和澳门邮政也同时发行纪念邮票各一套两枚，表达对中国足球成就的由衷祝贺。

集邮小知识

邮票水印

像纸币和有价证券一样，印刷邮票也有采用特制水印纸的，目的都是为了防伪。水印（Watermark）是制作在纸张上的有形无色的标记。在造纸过程中，当纸浆处于半流质状态时，将简单的图案或文字，轧压在纸中，干燥后就形成了水印纸。世界各地的水印图案可谓多种多样。最古老的水印图案是"皇冠"，曾先后出现在英国、英联邦和英殖民地国家的邮票上，黑便士邮票就是采用了"皇冠"水印。后来丹麦、瑞典、冰岛、圣马力诺等国也出现过"皇冠"水印。埃及的金字塔星图水印、伊斯兰国家的星月图水印、一些国家的国徽水印、伊朗的狮子水印、印度的大象头水印、澳大利亚的天鹅水印等都体现了民族特色。罗马尼亚采用"RPR"、前民主德国采用"DDR"国名缩写的水印，尼日利亚采用英文国名的全称"NIGERIA"作为水印图案，匈牙利和意大利分别采用大五角星和小五角星水印。

中华人民共和国第十届
运动会（J）

发行日期：2005.10.12

（2005-22 小型张）

小型张　中华人民共和国第十届运动会　　6.00元

小型张邮票规格：60 mm×50 mm

齿孔度数：12.5×13度

版　　别：影写版

小型张设计者：沈嘉宏

印刷厂：北京邮票厂

中华人民共和国第十届运动会于2005年10月12日在江苏省南京市举行，这是我国第一次采用申办方式确定承办单位的综合性大型运动会，是2008年北京奥运会前对全国竞技体育水平和办赛能力的一次大检阅、大练兵。本届全运会有32个省（区、市）、香港特别行政区、澳门特别行政区、解放军、各行业体协近40个代表团的近2万名选手参加比赛，在游泳、田径、羽毛球、篮球、拳击、皮划艇、自行车、击剑、足球、体操、乒乓球、排球、举重、摔跤等31个大项、39个小项中角逐金牌。南京奥林匹克体育中心是第十届全运会主赛场，占地面积89.6公顷，建筑面积约40万平方米，主要包括体育场、体育馆、游泳馆、网球中心等。

集邮小知识

邮票名称

邮票名称指印在邮票票面上表示该邮票名称的文字。它表明了该枚邮票的发行目的。邮票名称通常由邮政主管部门确定。有的邮票名称并未印在邮票票面上，有的早期邮票，邮票发行部门在发行时并未给邮票确定票名。这种情况下，邮票目录出版者一般是根据邮票图文为邮票定个名称，以方便集邮者收集。

第29届奥林匹克运动会——会徽和吉祥物（J）

发行日期：2005.11.12

6-1

6-2   6-3   6-4   6-5   6-6

（2005-28）

6-1会徽　　　　　　　80分

6-2吉祥物福娃贝贝　　80分

认识邮票中的体育竞技

6-3吉祥物福娃晶晶　　　80分

6-4吉祥物福娃欢欢　　　80分

6-5吉祥物福娃迎迎　　　80分

6-6吉祥物福娃妮妮　　　80分

邮票规格：30 mm×40 mm

齿孔度数：13.5×13度

整张枚数：10枚

版　别：影写版

设计者：王虎鸣

印刷厂：北京邮票厂

整张（不干胶）规格：180 mm×200 mm

整张（不干胶）枚数：12枚/2套

知识百花园

　　2003年8月3日，第二十九届奥林匹克运动会会徽揭晓 ——"中国印·舞动的北京"。会徽以印章为主体，将中国传统的印章和书法等艺术形式与运动特征结合起来，经过艺术夸张，巧妙地幻化成一个向前奔跑、舞动着迎接胜利的运动人形。人的造型形似"京"字的神韵，蕴含浓重的中国韵味，中国北京张开双臂欢迎世界各地人民。会徽将红色的中国印、汉简风格的"Beijing 2008"和奥运五环浑然一体，近乎完美。2005年11月12日，是距北京2008奥运会开幕倒计时1 000天时，我国奥组委向全世界公布了第二十九届奥林匹克运动会的吉祥物。五个吉祥物统称福娃，分别叫贝贝、晶晶、欢欢、迎迎、妮妮，谐音"北京欢迎你"。它们的造型融入了鱼、大熊猫、奥运圣火、藏羚羊、燕子的形象，色彩与奥运五环相对应，寓意海洋、森林、火、大地、天空，祝愿繁荣、欢乐、激情、健康、好运。

第29届奥林匹克运动会——运动项目（一）（J）

发行日期：2006.8.8

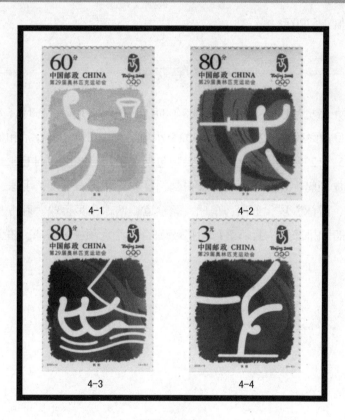

（2006-19）

4-1篮球　　　　60分

4-2击剑　　　　80分

4-3帆船　　　　80分

4-4体操　　　3.00元

邮票规格：30 mm × 40 mm
齿孔度数：13.5 × 13度
整张枚数：12枚
版　别：影写版
设计者：王敏
印刷厂：北京邮票厂
全套枚数：4枚
全套面值：5.20元

知识百花园

第二十九届奥林匹克运动会于2008年8月8日在北京开幕，历时15天。本届奥运会比赛项目最终确定为28个大项、302个小项。其中，男子、女子和男女混合小项分别为165、127和10项。这些体育大项包括：田径、赛艇、羽毛球、棒球、篮球、拳击、皮划艇、自行车、马术、击剑、足球、体操、举重、手球、曲棍球、柔道、摔跤、游泳、现代五项、垒球、跆拳道、网球、乒乓球、射击、射箭、铁人三项、帆船和排球。本套邮票4枚主图分别为28个大项中的篮球、击剑、帆船和体操。

第六届亚洲冬季运动会（J）

发行日期：2007.1.28

1-1

（2007-2）

1-1第六届亚洲冬季运动会　　1.20元

邮票规格：30 mm×40 mm

齿孔度数：12×12.5度

整张枚数：16枚

版　别：胶印

设计者：岳昕

印刷厂：辽宁省沈阳邮电印刷厂

全套枚数：1枚

全套面值：1.20元

我是小小集邮家丛书

　　四年一届的亚洲冬季运动会是亚洲规模最大、水平最高、影响最广泛的综合性冬季体育盛会。第六届亚洲冬季运动会于2007年1月28日至2月4日在我国吉林长春举行，是我国成功举办1996年第三届亚冬会后第二次承办该项赛事。本届亚冬会共设5大项、10分项、47小项的比赛项目。其中，冰上比赛设3大项5分项26小项，包括：短道速度滑冰、速度滑冰、花样滑冰、冰球等；雪上比赛设2大项、5分项、21小项，包括：越野滑雪、高山滑雪、自由式滑雪、冬季两项等。在长春五环体育场举行开、闭幕式等大型活动。

高山滑雪

集邮小知识

最早反映红楼梦十二钗的邮票

　　中国最早反映红楼梦十二钗的邮票是邮电部于1981年11月20日发行的《红楼梦—金陵十二钗》。这套邮票共12枚，分两组发行，其内容包括：黛玉葬花(4分)、宝钗扑蝶(4分)、元春省亲(8分)、迎春诵经(8分)、探春结社(8分)、惜春构图(8分)、湘云拾麟(8分)、李纨课子(10分)、凤姐设局（20分)、巧姐避祸(30分)、可卿春困(40分)、妙玉奉茶(80分)和小型张双玉续曲(2元)。这套邮票全部是彩色影写版印制，背面刷胶，设计者为潘可明，票面画原作刘旦宅。

第29届奥林匹克运动会——
运动项目（二）（J）

发行日期：2007.8.8

6-1　　6-2

6-3　　6-4

6-5　　6-6

（2007-22）

认识邮票中的体育竞技

6-1跳水　　　　　1.20元

6-2射击　　　　　1.20元

6-3田径　　　　　1.20元

6-4排球　　　　　1.20元

6-5小轮自行车　　1.20元

6-6举重　　　　　1.20元

邮票规格：30 mm×40 mm

齿孔度数：13.5×13度

整张枚数：20枚（版式1），12枚（版式2）

版　　别：影写版

设计者：马刚

印刷厂：北京邮票厂

全套枚数：6枚

全套面值：7.20元

知识百花园

　　第二十九届奥林匹克运动会于2008年8月8日至24日在北京举行。该届奥运会比赛项目最终确定为28个大项、302个小项。其中，男子、女子和男女混合小项分别为165、127和10项。这些体育大项包括：田径、赛艇、羽毛球、棒球、篮球、拳击、皮划艇、自行车、马术、击剑、足球、体操、举重、手球、曲棍球、柔道、摔跤、游泳、现代五项、垒球、跆拳道、网球、乒乓球、射击、射箭、铁人三项、帆船和排球。本套邮票6枚主图分别为跳水、射击、田径、排球、小轮自行车和举重。

第29届奥林匹克运动会——
竞赛场馆（J）

发行日期：2007.12.20

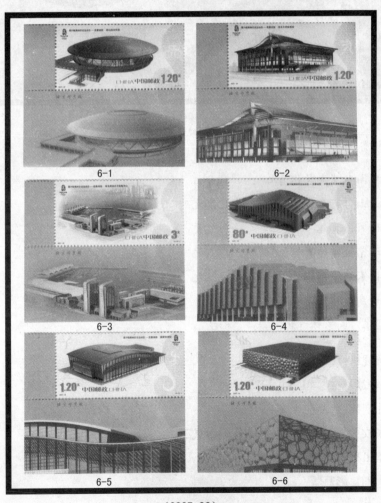

6-1　　　　　6-2

6-3　　　　　6-4

6-5　　　　　6-6

（2007-32）

认识邮票中的体育竞技

137

（2007-32 小型张）

6-1中国农业大学体育馆　　80分

6-2老山自行车馆　　　　　1.20元

6-3国家体育馆　　　　　　1.20元

6-4北京大学体育馆　　　　1.20元

6-5国家游泳中心　　　　　1.20元

6-6青岛奥林匹克帆船中心　3元

小型张　国家体育场　　　6元

邮票规格：60 mm×30 mm

小型张规格：140 mm×85 mm

齿孔度数：13度

整张枚数：9枚（版式1）12枚（版式2）

小型张枚数：1枚

版　别：影写版

设计者：王虎鸣

印刷厂：北京邮票厂

全套枚数：6枚

全套面值：8.60元

于2008年8月8日召开的第二十九届奥林匹克运动使用了37个竞赛场馆，其中31个场馆位于北京，其余6个场馆分别在青岛、香港、上海、天津、沈阳和秦皇岛。

邮票解析

图6-1【中国农业大学体育馆】位于北京海淀区中国农业大学东校区内，建筑面积2.395万平方米。主要承担奥运会摔跤比赛。

图6-2【老山自行车馆】位于北京西五环东，建筑面积3.292万平方米。是北京奥运会自行车比赛场馆，其建筑外形的碟形，寓意自行车手的头盔。

图6-3【国家体育馆】位于北京奥林匹克公园中心区南部，建筑面积8.09万平方米。主要承担奥运会体操、蹦床、手球比赛项目，其屋顶外形为波浪式造型。

图6-4【北京大学体育馆】位于北京大学校内东南区，建筑面积2.69万平方米，是2008年奥运会乒乓球比赛专用馆。

图6-5【国家游泳中心】位于北京奥林匹克公园西侧，建筑面积6.5万~8万平方米。主要承担奥运会游泳、跳水、花样游泳、水球决赛等比赛，因其外观酷似玲珑剔透的蓝色方盒子而被称为"水立方"。

图6-6【青岛奥林匹克帆船中心】位于山东青岛市东部新区浮山湾畔，毗邻五四广场，建筑面积13.8万平方米。主要承担奥运会帆船比赛。

小型张【国家体育场】位于北京奥林匹克公园中央区，建筑面积25.8万平方米。主要承担奥运会开闭幕式、田径和男子足球决赛等比赛，因建筑结构的组件相互支撑，形成了网络状的构架，像用树枝编织的鸟巢，故称"鸟巢"。

北京2008年残奥会(J)

（2008-22）

2-1北京2008年残奥会会徽　　　1.20元

2-2北京2008年残奥会吉祥物　　1.20元

邮票规格：30 mm×40 mm

齿孔度数：13.5×13度

整张枚数：16枚

版　别：影写版

设计者：刘波

印刷厂：北京邮票厂

全套枚数：2枚

全套面值：2.40元

知识百花园

北京残奥会于2008年9月6日至9月17日在北京举行。本届残奥会有147个国家和地区的4000多名运动员参加，共设射箭、自行车、举重、田径等20大项、471小项。其中18个大项在北京举行，帆船和马术在青岛和香港举行。马术、轮椅橄榄球、轮椅篮球、赛艇等9个项目首次进入残奥会。本届残奥会展现了残疾人运动员奋发向上、自强不息和顽强拼搏的精神。

集邮小知识

拍卖价格最高的邮票

中国拍卖价格最高的邮票是"小字壹圆"邮票。该枚邮票的拍卖成交价格为180万元，加上10%的佣金实际为198万元。"小字壹圆"邮票是1996年5月20日在96北京邮品拍卖会上成交的。这枚邮票是清政府当时为了弥补高面值邮票的不足，把面值3分的红色印花税票改为邮票于1897年发行的。"小字壹圆"邮票现存于世的只有30多枚，是中国最著名的邮品之一。

第24届世界大学生冬季运动会（J）

发行日期：2009.2.18

2-1

2-2

（2009-4）

2-1会徽　　　　　1.20元

2-2吉祥物　　　　1.20元

邮票规格：36 mm×36 mm（菱形）

齿孔度数：13度

整张枚数：12枚（6套）

版　　别：胶印

设计者：尚予

印刷厂：河南省邮电印刷厂

全套枚数：2枚

世界大学生运动会每年举办一次，分为夏季和冬季两类，夏季大运会始办于1959年，冬季大运会始办于1960年，只限在校大学生和毕业不超过两年的大学生（年龄限制为17—28岁）参加，是一场青年学子的体育盛宴。第二十四届世界大学生冬季运动会于2009年2月18日至28日在黑龙江省哈尔滨市举行。有50多个国家和地区的3000多名运动员、教练员参加，设速度滑冰、短道速度滑冰、花样滑冰、冰球、冰壶、高山滑雪、越野滑雪、跳台滑雪、冬季两项、北欧两项、单板滑雪、自由式滑雪空中技巧共计12个大项、70多个小项的比赛项目。这是我国历史上首次举办规模最大、人数最多的世界综合性冬季运动会。

邮票解析

图2-1【会徽】会徽以英文字母"U"为基本形，用流畅动感的线条语言描绘出冰雪健儿的运动轨迹，又像是飘动的旗帜，展示着飞扬的青春，体现了人与运动、人与自然之间互动和谐之美。

图2-2【吉祥物】吉祥物"冬冬"形象纯洁无瑕、开朗热情、活泼可爱，天使般的笑容，充满着勃勃生机和活力，真诚而热情地欢迎国际友人。

认识邮票中的体育竞技

143

第16届亚洲运动会（J）

发行日期：2009.6.30

（2009-13）

2-1会徽　　　　1.20元

2-2吉祥物　　　1.20元

邮票规格：33 mm×33 mm（菱形）

齿孔度数：13.5度

整张枚数：18枚（版式1），8枚（版式2）

版　　别：影写版

设计者：方军

印刷厂：北京邮票厂

全套枚数：2枚

全套面值：2.40元

亚洲运动会是亚洲地区规模最大的综合性运动会，每四年举办一届。第十六届亚运会于2010年11月12日至27日在中国广州举行。广州是中国第二个取得亚运会主办权的城市，北京曾于1990年举办第十一届亚运会。广州亚运会设41项比赛项目，是有史以来比赛项目最多的一届，除了28项奥运会比赛项目外，还有十多项非奥运会项目，其中包括新增设的围棋、武术、龙舟等。

集邮小知识

邮票的定义

邮票是指由国家(或地区)邮政主管部门发行的预付邮资凭证。其中最本质的含义是下面两点：

第一，必须是国家(或地区)邮政主管部门发行的。首先，国家(或地区)的概念是有公民、有领土、有主权，同时拥有以上三个条件才能发行邮票。其次，强调邮票必须是由邮政主管部门发行的，除此之外的任何部门、任何单位、任何个人均无权发行邮票。

第二，必须是邮资凭证。邮资凭证是国家(或地区)邮政主管部门发行的，作为邮件纳费标志的有价证券，包括邮票，印在邮资信封、邮资明信片、邮资邮简上的邮票图案，邮资机打印的邮资符志。

认识邮票中的体育竞技

中华人民共和国第十一届运动会（J）

发行日期：2009.10.16

（2009-24）

2-1会徽　　1.20元

2-2吉祥物　　1.20元

邮票规格：33 mm×33 mm

小全张规格：120 mm×80 mm

齿孔度数：13.5×13度

整张枚数：20枚

版　别：胶印

设计者：高中羽

印刷厂：辽宁省沈阳邮电印刷厂

（2009-24 小全张）

全套枚数：2枚
全套面值：2.40元
小全张售价：3.60元

知识百花园

中华人民共和国第十一届运动会于2009年10月16日至28日在山东济南举行。本届全运会的口号"和谐中国，全民全运"，奖牌名为"璇宝"，表现出现代与韵律之美。火炬名为"如意"，圣火火种在泰山之巅采集。济南奥林匹克体育中心坐落在济南东部新城，由6万坐席的体育场、1万坐席的体育馆、4000坐席的网球馆、游泳馆和6万平方米的中心区平台广场组成。全运会设33个大项、362个小项，比上届全运会新增1个大项5个小项。其中4个冬季项目已于2009年1月至4月率先进行，而马拉松项目则在北京举行。

认识邮票中的体育竞技

147

邮票解析

泰山童子

图2-1【会徽】名为"和谐中华、活力山东",是由11个运动人形所组成,象征着第十一届全运会是"团结、和谐、圆满"的体育盛会。

图2-2【吉祥物】为"泰山童子",是一个充满朝气、活泼英武、活力四射的卡通形象。

广州2010年亚洲残疾人运动会（J）

发行日期：2010.9.3

1-1

（2010-21）

1-1广州2010年亚洲残疾人运动会　　　　　　　　　1.20元

邮票规格：边长20 mm（六边形）

齿孔度数：13度

整张枚数：12枚

版　　别：影写版

设计者：沈嘉宏

印刷厂：北京邮票厂

全套枚数：1枚

全套面值：1.20元

亚洲残疾人运动会的前身为远东及南太平洋残疾人运动会。从1975年至今，"远南"运动会已经举办了九届。1994年9月4日，我国北京举行第六届"远南"运动会。2006年11月27日远东及南太平洋运动会联合会召开最后一届会员大会，会上决定从2006年11月28日起，"远南"运动会联合会更名为亚洲残疾人奥林匹克委员会，从下届起"远南"运动会更名为亚洲残疾人运动会。广州2010年亚洲残疾人运动会是第十届，于2010年12月12日开幕，12月19日闭幕，来自45个国家和地区的约3000名运动员前来参赛。广州2010年亚洲残疾人运动会会徽图案以红、绿、蓝三原色拼出运动的人形，象征残疾人运动员在运动场上努力拼搏、实现自我。广州2010年亚洲残疾人运动会吉祥物叫作"芬芬"，其形象是一朵绽放的木棉花，五片舞动的花瓣、一张灿烂的笑脸，体现出参与者的欢乐与东道主的热情。本届运动会的口号是"我们欢聚、我们分享、我们共赢！"

集邮小知识

混贴封

混贴封指的是贴有两个不同国家邮票或一个国家前后两个不同时期邮票的信封。前者多见于两个国家联合发行邮票或一国举办他国邮票展览时，用专门印制的信封混贴，经邮局寄递或未经邮局实寄；后者多见于国家政权更迭或币值变更时，在邮政通信过程中自然形成。如中国1911年辛亥革命推翻清朝封建统治后，于1912～1914年间出现有清代邮票与"中华民国"邮票混贴的实寄封；1949～1951年间，有解放区邮票与中华人民共和国邮票混贴的实寄封；1955～1956年间有新人民币面值邮票与旧人民币面值邮票混贴的实寄封。1991年苏联解体后，从1992年1月起独联体各独立共和国相继发行自己国家的邮票，在一段时间内，由独联体各国寄发的信件，常见封套上将新发行的邮票与苏联邮票混贴。